Juegos de memoria

PARA NO OLVIDAR NADA

ALMA

www.editorialalma.com

@almaeditorial

Concepto editorial: Anders Producciones S.L.

ISBN: 978-84-19599-75-9
Depósito Legal: B-6200-2024
THEMA: WD

Impreso en UE
Printed in EU

El papel de este libro proviene de bosques gestionados de manera sostenible.

Modo de empleo

1

PONLO EN TU LUGAR FAVORITO

2

EMPIEZA POR DONDE QUIERAS O, SI LO PREFIERES, LLÉVATE SOLO UNAS PÁGINAS CONTIGO

3

ELIGE TU PASATIEMPO EN FUNCIÓN DE LA DIFICULTAD O DEL TIEMPO DEL QUE DISPONGAS

4

DISFRUTA DEL MOMENTO. A VECES ES BUENO HACER UNA PAUSA

5

FORMATO DE USAR Y RECICLAR

6

APTO PARA DIESTROS Y ZURDOS

Tipos de juego

Contiene distintas categorías de juegos de memoria para que elijas la que más te apetezca en cada momento en función de la dificultad y del tiempo del que dispongas.

 MEMORIA A CORTO PLAZO

 MEMORIA A LARGO PLAZO

 MEMORIA DE TRABAJO

 MEMORIA VISUAL

Tiempo

Este icono indica el tiempo del que dispones para observar a fondo la imagen antes de intentar responder a las preguntas.

Puntuación

En el último apartado de fotografías, junto a cada bloque de preguntas se indica su puntuación. Al final del libro encontrarás una tabla en la que figura la puntuación máxima que se obtendría al contestar correctamente todas las preguntas de cada reto de memoria y se reserva también un espacio para que el lector anote la puntuación que ha obtenido.

Se recomiendo dedicar un minuto más a mirar la imagen y probar a contestar de nuevo las preguntas si la puntuación obtenida en cada juego no supera el 60 % de la puntuación máxima.

Si se juega en grupo, gana la persona que más puntuación consiga en cada reto. Sólo esa persona se llevará los puntos y el resto de jugadores se quedarán a cero en esa pregunta.

Tu memoria a prueba

¿Cuánto recordamos de todo lo que vemos? Seguramente mucho menos de lo que pensamos. Y, a menudo, muchos de nuestros recuerdos son erróneos o distorsionados. Nuestro frenético ritmo de vida provoca que cada vez seamos menos capaces de concentrarnos y prestar atención durante unos minutos seguidos a algo.

Con estos juegos de memoria podrás averiguar cómo funciona tu memoria y lo mucho que puede mejorar si la ejercitas. Verás que tu memoria no es la misma al inicio del libro que al final.

Gracias a los distintos tipos de juego podrás ejercitar diferentes facetas de tu memoria a la vez que te lo pasas en grande.

Sobre todo, ¡no te olvides de disfrutar con ellos!

5 reglas para completar tu reto

REGLA 1	Puedes jugar solo o acompañado. Si se juega en grupo, recomendamos que todos los jugadores escriban sus respuestas en una hoja aparte.
REGLA 2	Empieza por el principio o elige el tipo de juego que más te apetezca o que más llame tu atención.
REGLA 3	En la parte de las fotografías, concéntrate y procura retener el máximo de información en el tiempo que indica cada imagen.
REGLA 4	En la parte de las fotografías, encontrarás preguntas que se refieren directamente a algo que aparece en la imagen, pero también otras que deberás deducir a partir de detalles que aparecen en la foto. Gira la página e intenta responder a las preguntas (anota las respuestas en la misma hoja o en una hoja aparte).
REGLA 5	Si no llegas al 60 % de respuestas acertadas en cada una de las fotografías, dedica un minuto adicional a mirar la foto de nuevo ¡y vuelve a intentarlo!

Juegos de memoria para no olvidar nada

No existe una receta mágica que mejore nuestra memoria sin esfuerzo. Sin embargo, podemos prevenir su deterioro, mantener nuestro cerebro activo y nuestra memoria como el primer día a base de persistencia y trabajo constante. El cerebro tiene una gran capacidad de cambio y adaptación, y por ello puede beneficiarse mucho si lo estimulamos correctamente. Hoy en día sabemos que es posible entrenar nuestra memoria al estimular distintas partes de nuestro cerebro.

Los juegos de memoria que encontrarás en este libro presentan una enorme variedad justamente porque están pensados para activar distintas partes del cerebro. Además, son divertidos y se resuelven en intervalos de tiempo cortos con el objetivo de mantener nuestra memoria viva, ya que, al fin y al cabo, vivimos de recuerdos.

¡Te garantizamos que con estos juegos no se te va a olvidar nada!

Consejos para mejorar la memoria

- Cuanto más tiempo se ensaya o se practica un material, mejor se recuerda. Sin embargo, es más eficiente organizar varias sesiones de estudio separadas entre sí.
- Hay que reducir las interferencias entre los datos que memorizamos. Mejor no estudiar francés justo después de inglés. También recordarás mejor lo que estudies antes de ir a dormir.
- Leer un material sin prestarle atención sólo genera recuerdos de mala calidad. Hay que convertir ese material en algo que tenga sentido para ti: reorganizar los datos a tu manera, asociarlos con lo que ya sabes, expresarlos con tus propias palabras...
- Puedes recurrir a la nemotécnica. Busca entre el material palabras pretexto que tengan una carga personal. Al recordarlas estimularán tu memoria y te ayudarán a recuperar la información relacionada con ellas.
- Si eres "testigo presencial" de algún acontecimiento, conviene que lo recuerdes antes de que los demás te sugieran cómo pudo haber ocurrido.

La memoria es el centinela
del cerebro.

William Shakespeare

Lee atentamente estas palabras dos veces (30 segundos máximo) y escríbelas en el mismo orden en la página siguiente.

Ordenador

Vacío

Bolígrafo

Inherente

Fuego

Proceso

Oreja

LA CAPACIDAD DE LA MEMORIA

Los expertos calculan que una persona puede recordar sin mucho esfuerzo entre siete y ocho palabras de media, aunque la capacidad de retentiva varía mucho de una persona a otra y depende también del tipo de información.

Si bien la capacidad de nuestra memoria a corto plazo es bastante limitada, nuestra capacidad para almacenar recuerdos permanentes es, en principio, ilimitada. ¿Dónde se almacenan todos esos datos? No lo sabemos. Seguimos sin pistas sobre la existencia de una base física de la memoria. Los estudios apuntan a la sinapsis y a los neurotransmisores y a que está dividida entre diferentes partes del cerebro. Pero nuestra memoria sigue siendo una desconocida.

A continuación, escribe las palabras en el mismo orden:

____

____

____

____

____

____

____

UNA IMAGEN VALE MÁS QUE MIL PALABRAS

¿Te has dado cuenta de que las palabras "ordenador", "bolígrafo" u "oreja" las has recordado más fácilmente que "inherente" o "proceso"? En general recordamos mejor las palabras concretas (ricas en imágenes) que las abstractas (con bajo potencial de imágenes).

¿Recuerdas los nombres de los 12 signos del zodiaco?
Los símbolos te ayudarán a recordarlos.

♈	♉	♊	♋
1. ____________	2. ____________	3. ____________	4. ____________
♌	♍	♎	♏
5. ____________	6. ____________	7. ____________	8. ____________
♐	♑	♒	♓
9. ____________	10. ____________	11. ____________	12. ____________

Vamos a poner a prueba tu memoria espacial. Observa cada imagen y asóciala con las figuras geométricas que la componen. Trata de hacerlo en menos de 1 minuto.

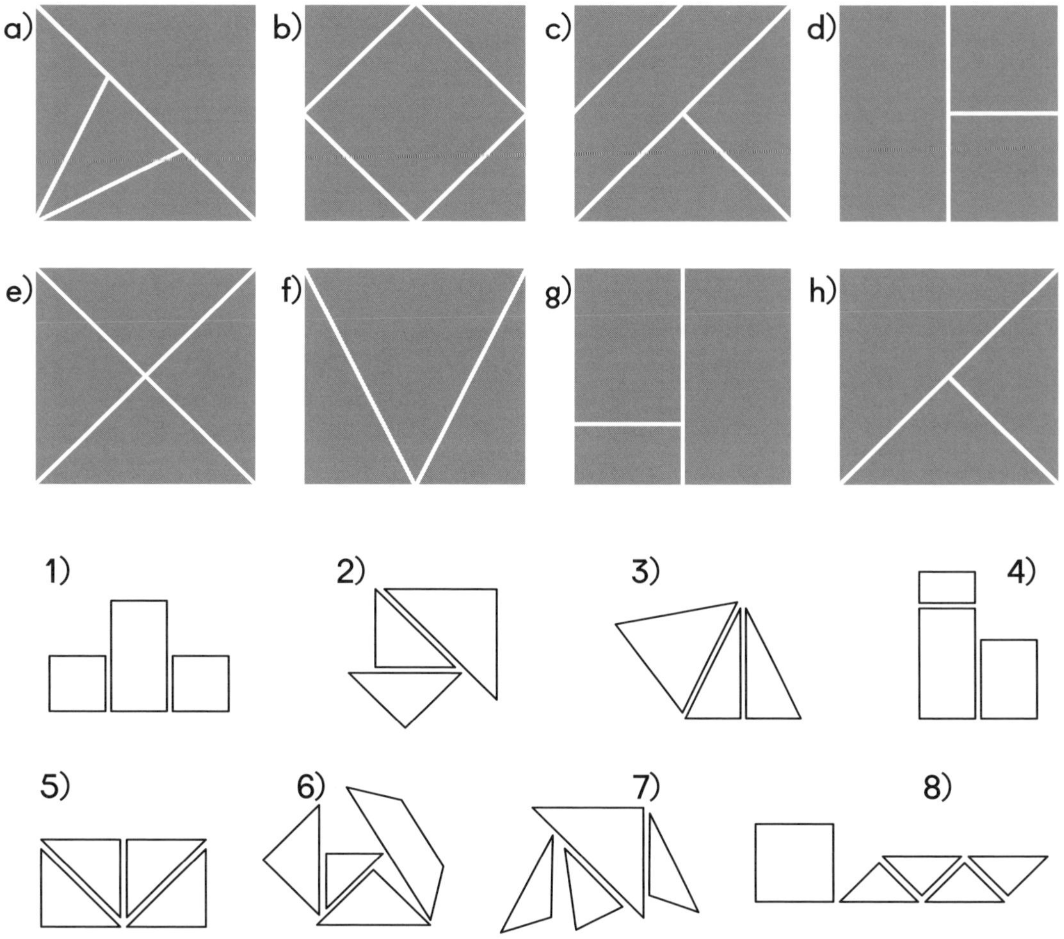

**Vamos a practicar ahora la memoria a largo plazo.
Completa los siguientes refranes. Tienes 1 minuto.**

a) En boca cerrada ______________________________

b) En casa del herrero ______________________________

c) En el país de los ciegos ______________________________

d) Mal de muchos ______________________________

e) No por mucho madrugar ______________________________

f) Lo barato ______________________________

g) Poderoso caballero ______________________________

h) No hay mal ______________________________

i) Ojos que no ven ______________________________

j) Dime de qué presumes ______________________________

k) Piensa mal ______________________________

Vamos con las fechas de acontecimientos históricos y alguna relacionada con tu propia vida. A ver cuántas recuerdas...

1. Inicio de la Primera Guerra Mundial
2. Juegos Olímpicos de Barcelona
3. Neil Armstrong pisa la Luna
4. Fecha de nacimiento de tu madre
5. Desastre nuclear de Chernóbil
6. Inicio de la Revolución Francesa y toma de la Bastilla
7. Colón descubre América
8. Año del tsunami asiático
9. España gana el Mundial de fútbol
10. Guerra de las Malvinas
11. Caída del muro de Berlín

El tiempo apremia. Tienes que tachar cada número 7 que veas y cada letra F. Fija ambos signos en tu memoria a corto plazo y no te dejes despistar. Tienes que lograrlo en menos de 20 segundos.

spft5jp3bmp7q92kdi8xm6cer3skhg6ks9aksi3añp
m2qwpek6asd93mnht5e0jwm3asd0b7lmuo4kjgr
6qldkotik9spoiba9msjak4skdhfg5qwrrubmj1zxc
m8kas7jrt6kdjfowl4asdm7cixk1laksdfkl3kdskdsfc
x9kldskerw57sdkbldwsm6adslk2khjtr09lkj6fe1cfx
e2imh6okfr0km9jn5fcxe3f7chu3okdx5wagv0km7
uhdr6cfdx0mkpñl4rdgtok8pñcdsz4ftjn3km8polf
rdx2klsakwmdwq5dwkmdf91ls7djufd76sdfkldfk
mbmnczxtf93lksdjksd5sdfkldfs0bkldsjk3kjdshudf
6dsfkofdkm3kmsdfkmdfs6kmd7sfkd7s8tfjk1jujkx
6kmgy9km7mn4kjfgfd2ikfrebd4ij7rf9dejn2ikyg5
dfiskl8jirdkj1jikmxd2ikjufrfrki31kjbufr9rf4ik7frjm7
nigvc2ikmfr5edlodxb9jmcfwe5ikcfr7uhy2tfxdk5

Cada combinación de cuadrados blancos y negros tiene un imagen invertida.
¿Cuál corresponde a cada combinación?

a)
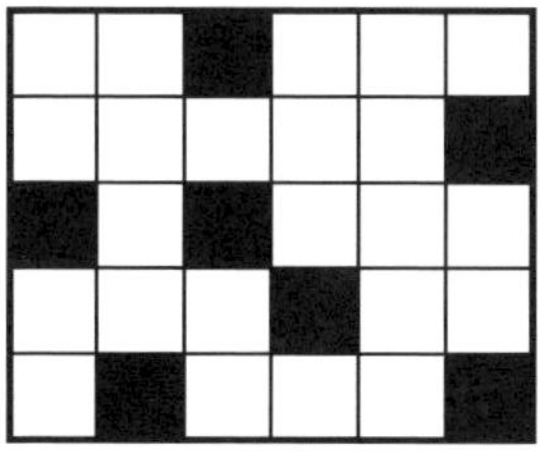

b)

c)
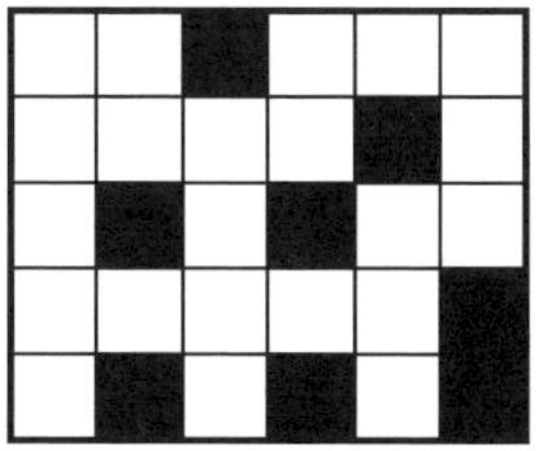

d)
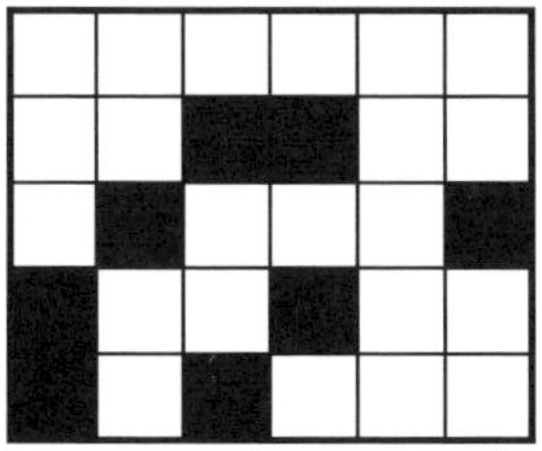

e)
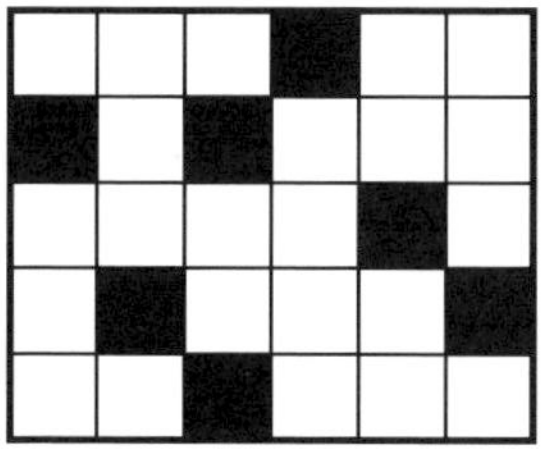

f)
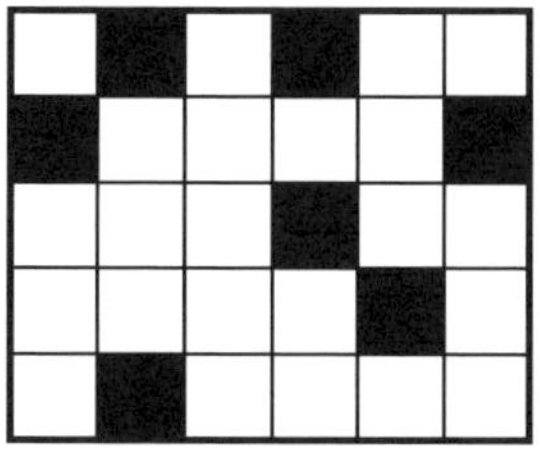

g)
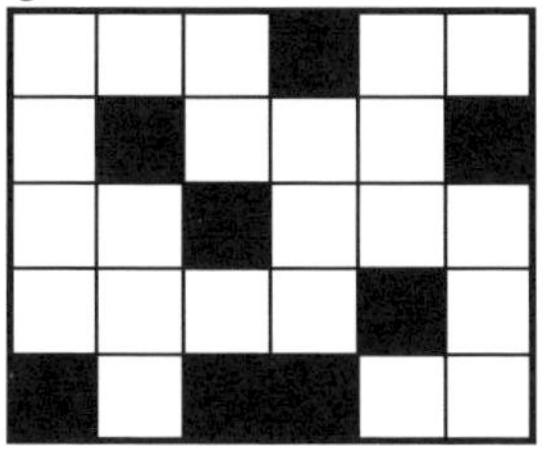

1)
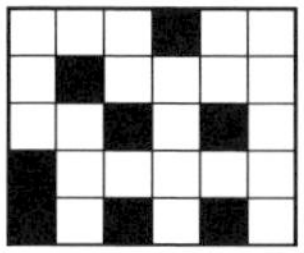

2)
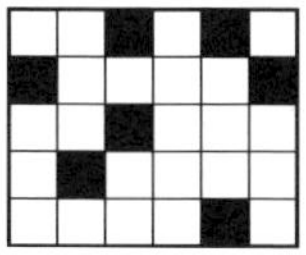

3)
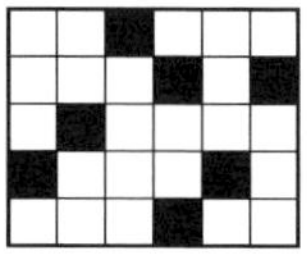

4)
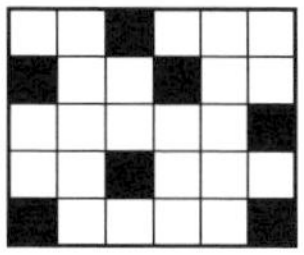

5)
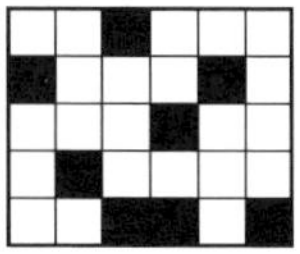

6)
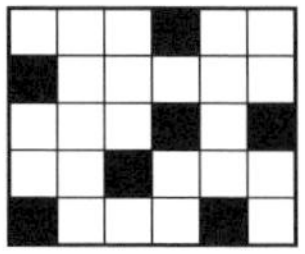

7)
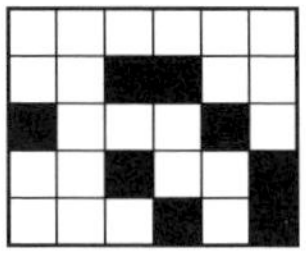

Observa atentamente estas palabras y símbolos. Tienes 45 segundos para memorizarlos antes de reproducirlos en la página siguiente.

Mantequilla	☺	Amor
❄	Bicicleta	☹
Cereales	❖	Lámpara
☾ ✝	Ratón	Felicidad

TIPOS DE MEMORIA

La memoria es la forma como codificamos, almacenamos y después evocamos una información. Pero hay varios tipos de memoria, porque no procesamos de la misma forma la información visual, la auditiva o la verbal.

En general, se recuerdan mejor los dígitos enunciados al azar (como los de un número telefónico) que las letras. Asimismo, se recuerda algo mejor lo que se oye que lo que se ve (de ahí que recordemos las últimas palabras escuchadas aunque no estuviéramos prestando mucha atención).

En cuanto a la idea de que los niños lo retienen todo, no es cierta. El alcance de la memoria adulta supera al de la infantil.

Reproduce las palabras y símbolos de la página anterior. No hace falta ser un artista, pero trata de dibujar los símbolos de forma fiel al original.

Si tratas de recordar una larga lista de palabras o de imágenes, confundirás unas palabras con otras o unas imágenes con otras. Pero si memorizas una mezcla de imágenes y palabras, verás que palabras e imágenes no interfieren entre ellas. Eso demuestra que tenemos una memoria visual y otra verbal.

Asimismo, hay una memoria declarativa, la que nos permite definir un recuerdo en palabras, y una memoria procedimental, la que nos permite recordar las habilidades motoras. Y una memoria episódica, que guarda los recuerdos relacionados con eventos personales, y una memoria semántica, una especie de diccionario que construimos a medida que aprendemos a hablar... Y cada tipo de memoria suele estar ligada a una zona diferente del cerebro.

¿Cuál de estos cuatro fragmentos aparece en el dibujo de puntos?

A B C D

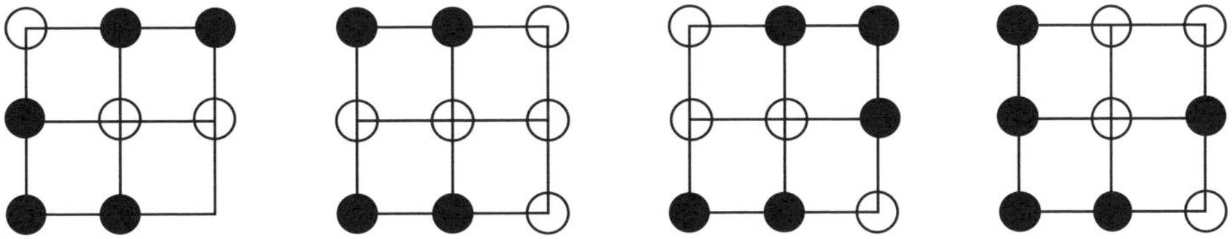

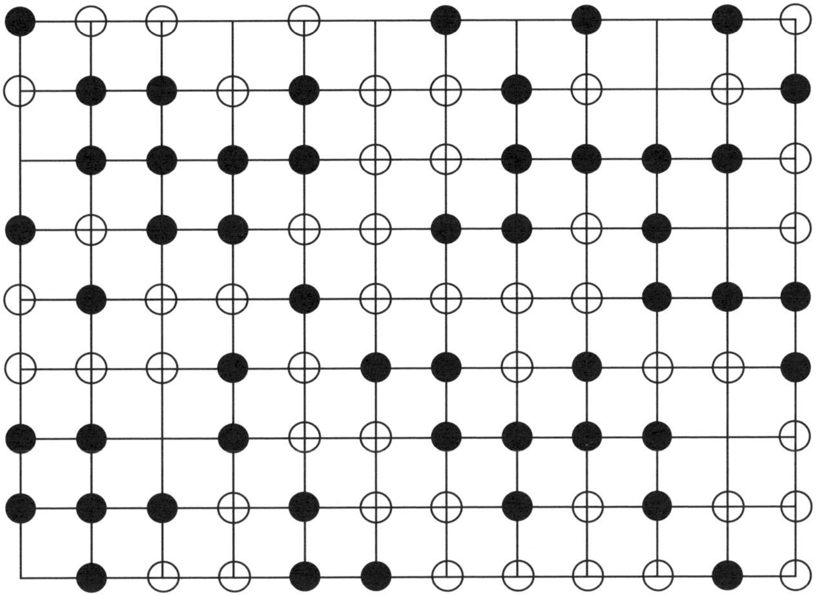

¿Te gusta la música? He aquí los estribillos de cuatro canciones muy conocidas. Escribe las palabras que faltan. Si no te acuerdas, ponte a cantar. No tengas vergüenza si estás en un sitio público. Igual no recuperas la memoria, pero harás amigos.

Hijo de la luna, Mecano

Luna, quieres ser ________

Y no encuentras __________ que te haga mujer

Si tú me dices ven, Los Panchos

Si tú me dices ven, lo _______ todo

si tú me dices ven, será todo

mis momentos más ,

también te los _______ ,

Vivir así es morir de amor, Camilo Sesto

Siempre me voy a ________

de quien de mi no se enamora,

y es por eso que mi alma ________.

A Dios le pido, Juanes

Que mis ojos se __________

Con la luz de tu ________,

Yo... a Dios le pido.

Que mi madre no se ________

Y que mi padre me recuerde.

De la A a la Z. ¿Eres capaz de seguir el alfabeto en este batiburrillo de letras, símbolos y números? La verdad es que los símbolos y los números están puestos únicamente para molestar. Rápido, que sólo tienes 30 segundos...

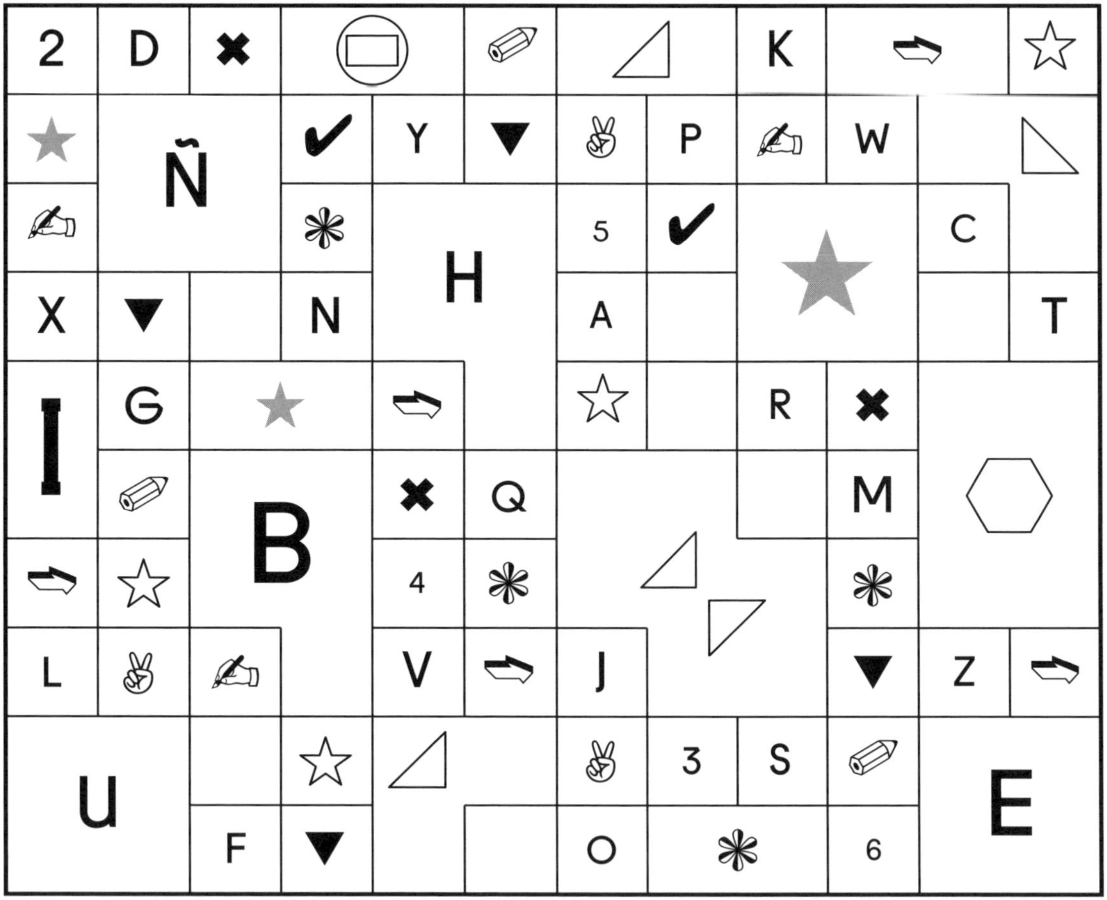

Vamos a cocinar un arroz al estilo japonés. Lee atentamente el texto, porque en la página siguiente vamos a poner a prueba tu memoria gastronómica.

ARROZ YAKIMESHI. INGREDIENTES PARA 1 PERSONA:

- 1 taza de arroz blanco cocido
- Media cebolla
- 1 cucharada sopera de cebollino picado
- 1 zanahoria
- ½ calabacín
- ¼ pimiento rojo
- 1 huevo
- ½ pechuga de pollo
- 1 puñado de gambas peladas crudas
- Aceite de oliva
- Salsa de soja

Preparación:

1. Lava y pica finamente toda la verdura. El pollo córtalo en tiras y las gambas déjalas enteras.
2. En un wok (o una sartén un poco profunda) calienta un poco de aceite y añade las verduras (primero la zanahoria y un par de minutos después el resto). Cuando las verduras estén brillantes, añade la carne y remueve para que se absorban los sabores.
3. Haz un espacio en el centro del wok y añade el huevo crudo sin batir. Revuélvelo hasta que esté cocinado y mézclalo con el resto de ingredientes del wok.
4. Añade el arroz ya cocido y remueve con cuidado para que se reparta entre el resto de ingredientes. Incorpora un poco de salsa de soja y listo para servir.

Vamos a ver qué recuerdas de la receta de la página anterior...

1. ¿Cómo se llama la receta?
2. ¿Para cuántas personas es la receta?
3. ¿Qué tipo de carne lleva?
4. ¿Cuánto de cebolla?
5. ¿Qué recipiente se necesita para cocinar este plato?
6. ¿Y si no tienes uno, qué puedes utilizar?
7. Primero se fríe la zanahoria, después la carne, después el resto de verduras. ¿Verdadero o falso?
8. La carne y las gambas se cortan en tiras. ¿Verdadero o falso?
9. La salsa de soja se echa al final. ¿Verdadero o falso?
10. De verdura lleva pimiento, cebollino, cebolla y calabacín. ¿Verdadero o falso?
11. Y por último, ¿cómo se cocina el huevo?

Busca al infiltrado en esta foto.

Esperamos que te gusten los rombos... De todos los que ves aquí, sólo hay dos parejas exactamente iguales. ¿Cuáles?

Tienes 20 segundos para contar del 1 al 70 tocando los números correspondientes con el dedo índice. Si te equivocas o te encallas, vuelta a comenzar.

59	47	37	43	61	10	14	35	22	6
27	8	13	54	1	20	4	18	39	50
16	52	62	30	58	25	69	31	44	15
23	34	2	65	46	41	56	32	26	7
57	48	24	51	9	66	3	11	60	55
12	63	19	40	5	49	38	70	36	45
42	29	33	68	64	21	28	53	17	67

¿Eres capaz de escribir al revés estas citas? Debes hacerlo de una vez, sin fallos, empezando por la última letra de la frase. Verás que no es sencillo. Tu memoria de trabajo se tiene que adaptar a un proceso inusual.

La memoria es el único paraíso del que no podemos ser expulsados.

Jean Paul (1763-1825), escritor y humorista alemán.

Todo el mundo se queja de su memoria, pero nadie de su inteligencia.

François de la Rochefoucauld (1613-1680), escritor y filósofo francés.

Somos nuestra memoria, somos ese quimérico museo de formas inconstantes, ese montón de espejos rotos.

Jorge Luis Borges (1899-1896), escritor argentino.

Tenía tan mala memoria que se olvidó de que tenía mala memoria y se acordó de todo.

Ramón Gómez de la Serna (1891-1963), escritor español.

La memoria es como el mal amigo; cuando más falta te hace, te falla.

Refrán

SABÍAS QUE...

Las palabras y frases escritas al revés no siempre pierden su sentido. Las hay que se pueden leer en ambas direcciones. Se llaman palíndromos:

Roma ni se conoce sin oro, ni se conoce sin amor
Isaac no ronca así
La ruta nos aportó otro paso natural
La tele letal

He aquí una serie de llaves. Activa tu memoria y dinos cuál es la única que se repite.

A continuación encontrarás una lista de 11 palabras. Tienes 45 segundos para memorizarlas antes de pasar a la página siguiente. Si te parece difícil, lee el truco que te proponemos.

Leñador	Huida	Caída
Orillas	Colonia	Patos
Mueble	Media	Almohada
Amante	Botsuana	

EL TRUCO

Una lista similar de palabras crearon los psicólogos Gordon Bower y Michael Clark durante un experimento en 1969. Los que trataron de memorizarlas sin más obtuvieron resultados peores que los que recibieron un texto como éste:

> Un LEÑADOR estaba en plena HUIDA por el bosque, cuando sufrió una tremenda CAÍDA a ORILLAS de un río en el momento en que pasaba junto a una COLONIA de PATOS. Después tropezó contra un MUEBLE y se rompió una MEDIA mientras corría por casa hacia la ALMOHADA sobre la que reposaba su AMANTE de BOTSUANA.

Puede que la historia no tenga mucho sentido, pero si la lees con atención después recordarás mejor las palabras de la lista.

Ahora escribe las 11 palabras.

__________ __________ __________

__________ __________ __________

__________ __________ __________

__________ __________

¿QUÉ ES LA NEMOTÉCNICA?

Fragmentar en trozos la información y asociarla a ejemplos vividos o familiares es la base de la nemotécnica. Se trata de una técnica de memorización que desarrollaron los eruditos y filósofos de la Grecia antigua. Se imaginaban caminando por varios sitios que les eran familiares y asociaban cada lugar con la representación visual del tema que querían comentar. De esta forma podían recordar discursos larguísimos sin necesidad de escribirlos o de apuntes. Sólo tenían que revisitar mentalmente aquellos lugares familiares a medida que hablaban para recuperar las palabras y los temas abstractos asociados a ellas.

Colabora con la policía para hacer los retratos robot de estas dos sospechosas. Obsérvalas durante 1 minuto antes de pasar a la página siguiente.

Sospechosa 1

Sospechosa 2

Rodea con un círculo los rasgos que corresponden a cada una de las dos sospechosas que observaste en la página anterior.

Pon a trabajar tu memoria semántica y encuentra los antónimos de las siguientes palabras:

Sombra / __________

Ocultar / __________

Principio / ___________

Problema / ___________

Simple / _________

Cerrar / _________

Infierno / ___________

Hola / _______

Igual / ________

Ensuciar / ___________

Limpio / _________

Rico / _______

Hay que ver lo complicados que son algunos nombres... Busca en tu memoria y marca el único que está escrito correctamente.

1. Aviadora

a) Amalia Earthart
b) Amelia Earthart
c) Amelia Earhart
d) Amalia Erhart

2. Actor

a) Mathew MacConaughey
b) Mathew McConaghuy
c) Matthew McConaugyuw
d) Matthew McConaughey

3. Primatóloga

a) Jane Goodall
b) Janne Goodal
c) Janne Goedall
d) Janne Goodall

4. Actor

a) Benedict Cumberbath
b) Benedict Cumberbatch
c) Benedicth Cumberbath
d) Bennedict Cumberbath

5. Política

a) Benazir Bhutto

b) Benazhir Buttho

c) Benazhir Bhuto

d) Benazir Buttho

6. Futbolista

a) Franz Beckenbauer

b) Frank Bekhenbauer

c) Frank Bekenbauer

d) Frankh Beckhenbauer

7. Arquitecta

a) Saha Hadidi

b) Zaha Haidid

c) Sara Hadid

d) Zaha Hadid

8. Filósofo y matemático

a) Godfriet Leivniz

b) Gottfried Leibniz

c) Gotfried Leibnizh

d) Godtfried Lheibniz

Aquí tienes algunas definiciones de palabras que terminan con la letra "t". Tienes 1 minuto para completar este ejercicio.

a) Fertilizante: ______________________

b) Acuerdo para hacer algo ilegal: ______________________

c) Bienestar: ______________________

d) Sábado judío: ______________________

e) Danza clásica: ______________________

f) Acelerar en la carrera: ______________________

g) Procedimiento de impresión: ______________________

h) Acción de boicotear: ______________________

i) Bebida alcohólica: ______________________

j) Vivienda con jardín: ______________________

k) Máquina: ______________________

l) Jerga: ______________________

m) Cartas para adivinar el futuro: ______________________

n) Instrumento: ______________________

ñ) Animal extinto: ______________________

o) Jugador de baloncesto: ______________________

Observa con atención esta imagen durante 30 segundos, después pasa a la página siguiente y responde a la pregunta.

Pero antes (y sólo para mentes muy concentradas) una pequeña actividad de distracción: ¿qué nombre de animal hay escondido entre estas letras?

claeiougmr

¿Qué siluetas no aparecen en la imagen anterior?

Pista: hay cuatro que no corresponden.

Solución a la actividad de distracción: murciélago.

¿Cuántas palabras que acaben en "u" y que tengan más de dos letras eres capaz de recordar en 1 minuto? Te animamos a encontrar al menos 15.

1. ______________________
2. ______________________
3. ______________________
4. ______________________
5. ______________________
6. ______________________
7. ______________________
8. ______________________
9. ______________________
10. ______________________
11. ______________________
12. ______________________
13. ______________________
14. ______________________
15. ______________________
16. ______________________
17. ______________________
18. ______________________
19. ______________________
20. ______________________

Para memorizar cifras, lo mejor es asociarlas a un recuerdo familiar. Por ejemplo:

007: James Bond

0815: ¡Hora de salir a trabajar!

1919: Un año tras la Primera Guerra Mundial

61: "Highway 61 Revisited", de Bob Dylan

102: Un dálmata de más

1986: Tres años antes de la caída del muro de Berlín

Busca tus propios trucos nemotécnicos para recordar estas cifras:

139:

1973:

56:

438:

1314:

9918:

PI ES MÁS QUE 3,14

El número pi (π) se obtiene al dividir la longitud de una circunferencia entre su diámetro. Es un 3,14 seguido de una lista infinita de decimales que aparece en cálculos tan importantes como los que llevaron a la teoría de la relatividad general.

En Youtube puedes encontrar decenas de vídeos donde diversas personas compiten por recordar el mayor número posible de decimales. En 2015, el indio Rajveer Meena logró memorizar y recitar en la Universidad de Vellore (India) 70.000 de estos decimales. Le llevó 10 horas y varias botellas de agua.

Para memorizar tal cantidad de números se requiere una memoria prodigiosa, pero también se emplean trucos de nemotécnica. Es decir, aplicar imágenes a grupos de números. Por ejemplo, para las 9 primeras cifras (3,141592653) se emplea este truco: día 31, de abril (mes 4), del año 15, a las 9 horas, 26 minutos y 53 segundos.

Pi es un número irracional. No sigue ningún patrón y tiene un número infinito de cifras, eso significa que tu número de teléfono o tu DNI podrían estar entre los primeros millones de decimales.

Aquí tienes un dibujo con diferentes formas geométricas. Las líneas valen 1 punto, los círculos 2 puntos, los triángulos 3 puntos y los cuadrados 4 puntos. ¿Cuántos puntos hay en total? Tienes que hacerlo de memoria y sin ayudarte de lápiz o bolígrafo.

Vamos con las palabras compuestas. Las has oído más de una vez, pero aquí cuenta la velocidad. Tienes 30 segundos para unir cada palabra de la primera columna con otra de la segunda.

ABRE	GATOS
BUSCA	MANEJE
QUITA	DÍA
MATA	DIENTES
PORTA	AGRE
PASA	MONEDAS
MEDIO	SANOS
MONDA	VIDAS
TENTE	PURÉS
PELA	MANOS
PASA	SOL
VIN	TIESO
TEJE	LATAS

Los acertijos son una buena manera de poner a prueba la adaptación y rapidez de la memoria de trabajo. Pon a prueba la tuya con éstos:

ACERTIJO 1

¿Qué cifra falta en cada una de estas series?

12 10 8 6 4 ¿?

---

2 5 8 11 14 ¿?

ACERTIJO 2

¿A qué número no le corresponde estar en este grupo de cifras y por qué?

13 42

35 12 32

9 11

ACERTIJO 3

¿Qué número falta en esta lista?

72	45	27
18	81	36
54	63	¿?

ACERTIJO 4

¿Qué número continúa en esta sucesión de cifras?

2	3	5	8
12	17	23	¿?

ACERTIJO 5

Un barco está atracado en el puerto de Dunquerque. A babor tiene una escalera con siete escalones, dos por debajo del agua y cinco por encima. Cada escalón mide 15 centímetros y está separado del siguiente por 30 centímetros. Si la marea sube 30 centímetros por hora, ¿cuántos escalones estarán sobre el agua después de 3 horas?

¿Cómo está tu memoria geográfica? En esta lista de ciudades, países, lagos, volcanes y montañas hay ocho topónimos escritos incorrectamente. Detecta los errores (son de bulto) y corrígelos.

Azerbaiyán · Myanmar · República de Botwana · Düsseldorf · Parque nacional de Yosemite · Podgorica · Yokogama · República de Kiribati · DUVROBNIK · Copenhague · República Democrática de Santo Tomé y Príncipe · Islas Seychelles · Fukushima · Lago Vaical · VOLCÁN POPOCATÉPETL · Sangái · Lago Cocíbolca · Turkmenistán · Zimwawe · MONTAÑA KANCHENJUNGA · Ahmedabad · Islas Fiyi · República de Ghana · KIRGUISTÁN · Principado de Lichenstein · Islas Marshall · San Cristóbal y Nieves · Parque nacional de Yellowstone · YOGYAKARTA · Montaña Aconcagua · SHENZHEN · Lago Manicouagan · SRI LANKA · República de Tayikistán · Hangzhou · Pyonyán · Macizo Anapurma · REPÚBLICA DE VANUATU · Bhopal · Jabalpur · Montaña Nanga Parbat · PESHAWAR

Trata de memorizar estas cifras. Tienes 2 minutos para hacerlo. Después pasa a la página siguiente y escribe las que recuerdes.

4434

910214897

11-12-1972

34 FH12

839-VGA

85107754W

$a^2 + b^2 = c^2$

¿Cuántas cifras eres capaz de recordar?

____

____

____

____

____

____

____

TRUCO

Existen trucos nemotécnicos para recordar los números. Por ejemplo, basándose en su forma: 1–Lápiz. 2–Cisne. 3–Sujetador. 4–Barco. 5–Anzuelo. 6–Yoyó. 7–Bumerán. 8–Muñeco de nieve. 9–Palo de golf. 10–El gordo y el flaco. Si este ejercicio no se te ha dado muy bien, prueba de nuevo utilizando este truco.

¿Cuántas palabras de cuatro letras o más eres capaz de recordar a partir de estas combinaciones? Tiempo límite 2 minutos.

LRCUOMIEGA

DFSATDEIO

Si superpones una imagen con la otra...
¿Qué dibujo obtendrías?

1)

2)

3)

4)

A ver cuán maleable es tu memoria de trabajo para adaptarse a un código nuevo. Cada vez que veas una D en esta lista de letras, tienes que tacharla y escribir debajo una R. Cada vez que veas una O, táchala y escribe debajo una F. Y cada vez que veas una K, táchala y escribe debajo un 2.

GSPDNEHTLSMEHSLMSADAOFHHÑDSAMAFNCZKU

FGCXZVKHJOFASMNCVJSHDKSJSHDJSGHFXKHJFO

SIUDKFHPOEWRNMNMIQQWEIRTKJGCXZSFNOFSP

FPLÑLJKHJMRWUTERWNKIKDFSBHNGELDFGÑKHDF

NMMOIYFRWXHGVADSKDVPPSDGJKDGSLJNFASVC

HYJZVOXBHEQRWTUYMNSFDGOPFGPRTÑÑSDJNS

NGVZXGASKMQWODEHJFFMNCVGFDKLDFMNFGB

HCFGBHDSLKDSPODUNEMTRZDTALRBFGOCEPA

El dominó es un juego de mesa que incentiva la memoria y desarrolla las habilidades matemáticas. El problema es que en este juego de dominó faltan fichas y debes descubrir cuáles son.

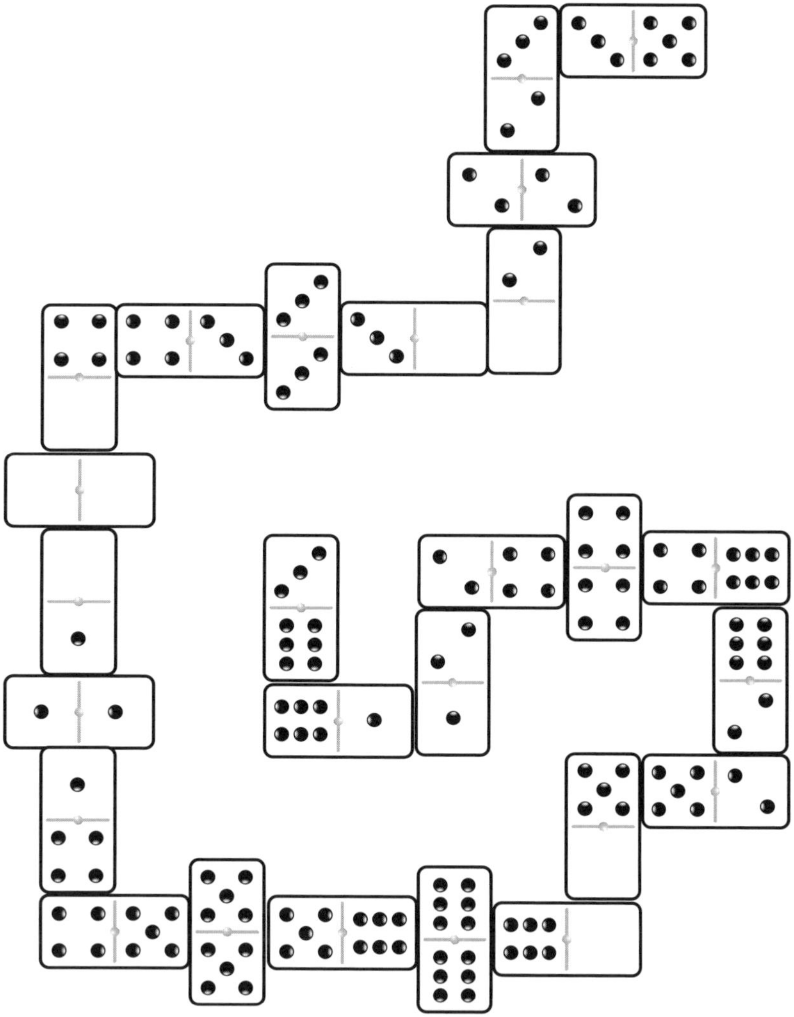

Lee atentamente estas siete palabras hasta que las recuerdes de memoria. Un consejo: busca asociaciones con experiencias personales.

Nevera Rotulador Vaso Vaca Silla Ventanilla Aguja

¿Las recuerdas ya? Seguro que sí. Sin volver a leerlas, trata de encontrar tres de ellas en esta sopa de letras.

K	V	Y	A	G	U	J	A	S	Z
S	D	A	S	N	Ñ	B	D	D	L
J	F	D	C	W	E	D	F	L	D
D	P	F	O	A	K	V	J	I	F
H	O	N	F	P	N	K	E	U	H
F	I	C	J	A	X	F	G	R	F
A	L	L	I	S	C	L	H	N	A

A ver si todavía recuerdas las palabras:

Vaca Silla ____________ Nevera Vaso Rotulador ____________

Por cierto, si una simple sopa de letras te distrajo, esto demuestra lo efímera que es la memoria a corto plazo.

Lee, busca y tacha cada secuencia 5819 que encuentres seguida en esta lista de números. Tiempo máximo: 30 segundos.

410495635815912756902816403856102867801545810
293873454621983247366519109581912238434576561 2
237645698409358192176541323178543956731239058 1
923483457689234019232384743567643731209259 83
581948756375643321327581845309091346756434521
358198945096547875816544367890099876342105 81
995489657845215913456898099786561287657876 54
329876544378564365819787763221585819178892983
289432581723329012921758193646754954725218439
549568352421732948563458198239236345545854 85
654858585958191235818581936328932932632932623
054859237239327329584363293263293276323295 8
565581981329327239237326329327238943736357835
653468759135812487234823498872346745899834 58
195685423954876198354762365168581995591784655
346352545819125767896708647854356346959675 74

Lee lentamente estas palabras dos veces (30 segundos máximo) y escríbelas en el mismo orden en la página siguiente.

Jarrón	Sofá	Televisión
Cama	Encimera	Escaleras
Enchufe	Interfono	Recibidor

Y ahora con símbolos. Observa estos emoticonos (30 segundos máximo) y reprodúcelos en el mismo orden en la página siguiente.

Trata de escribir las palabras en el mismo orden en el que aparecían en la página anterior.

Reproduce también los emoticonos.

Apréndete de memoria la combinación de símbolos y cifras, tápala con un papel y escribe debajo de cada signo su número correspondiente. Tiempo límite: 40 segundos.

☆	▼	⬡	★	▽
3	6	5	8	4

▼	▽	⬡	★	☆	▼	⬡	★	▽
⬡	▼	☆	▼	⬡	★	▽	▼	☆
★	▽	⬡	★	▽	☆	▼	▽	★
▽	★	⬡	▼	☆	★	⬡	☆	▼
★	▽	▼	☆	▽	★	⬡	▽	★
☆	▼	⬡	★	⬡	▽	☆	▼	⬡

Ni en este libro te vas a librar de mirar imágenes de gatos.
¿Qué silueta está repetida dos veces?
Tiempo límite: 15 segundos.

He aquí un juego con números para ejercitar la memoria de trabajo. Cuenta mentalmente de dos en dos pero intercalando números pares y números impares. Es decir:

1-3; 2-4; 5-7; 6-8...

¿Eres capaz de llegar hasta 50? ¿Y hasta 100?

¿MEJOR CON PARES O CON IMPARES?

Hay quien encuentra este ejercicio más sencillo si empieza por los números pares y después los impares. Cosas de si se tiene el hemisferio derecho más predominante.

Sin ayuda de lápiz o cualquier otro marcador, sólo con tu mirada, averigua cuántos hexágonos hay en esta imagen.

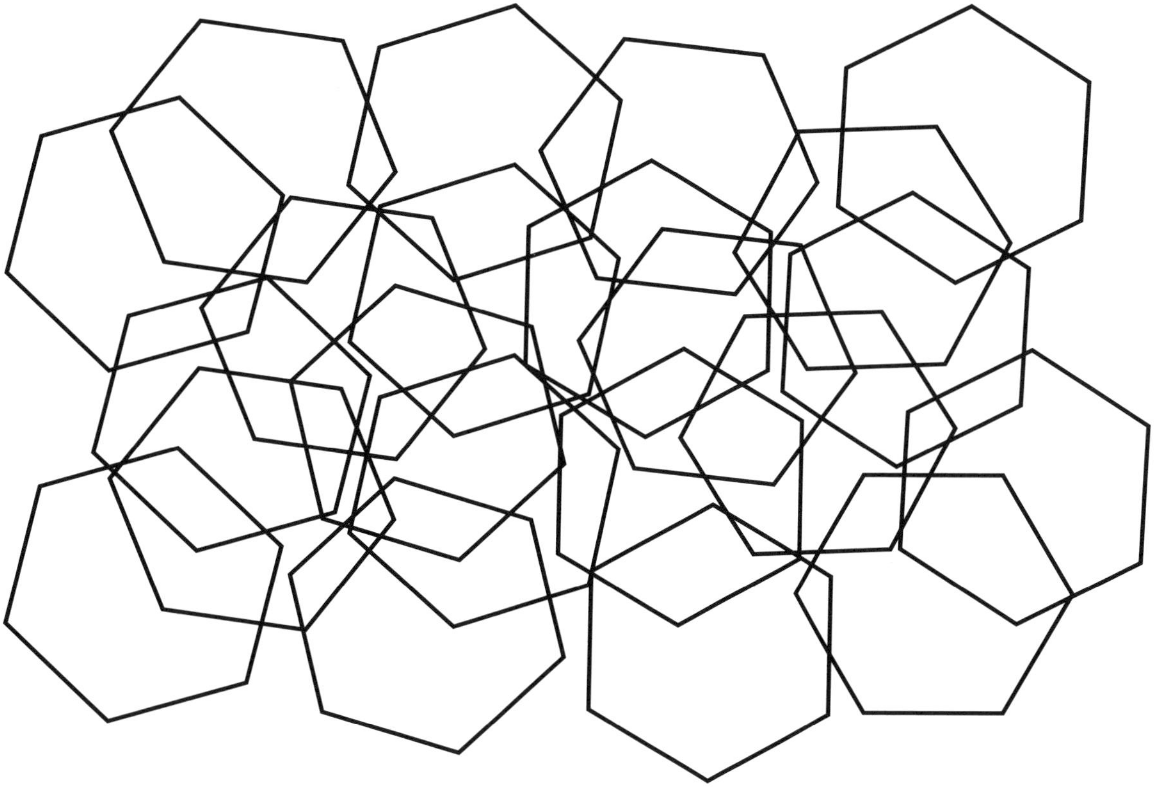

En 1972 los investigadores John Bransford y Marcia Johnson dieron a leer este texto a un grupo de estudiantes. ¿Eres capaz de recordar lo que dice tras leerlo tres veces?

"El procedimiento es, en realidad, bastante simple. Primero, debes organizar las cosas en grupos diferentes. Por supuesto, una pila puede ser suficiente dependiendo de lo que se tenga que hacer... Al principio, todo el procedimiento parecerá complicado. Sin embargo, pronto se convertirá en una tarea cotidiana más. Es difícil prever un final para esta tarea en un futuro inmediato, pero nunca se sabe. Una vez concluido el procedimiento, todas las cosas se deben ordenar de nuevo en grupos distintos y guardarlas en el lugar que les corresponde. Eventualmente, serán usadas de nuevo y, entonces, habrá que repetir todo el ciclo de nuevo. Es parte de la vida."

EL TRUCO

Los estudiantes que leyeron este párrafo tal cual fueron incapaces de recordarlo correctamente. Pero todo cambió cuando se les explicó el contexto. ¿Lo reconoces? Descúbrelo en la página siguiente.

¿Lo sabes ya?

¡Lavar la ropa! Eso es a lo que hace referencia el texto del experimento de John Bransford y Marcia Johnson que explicábamos en la página anterior. Cuando a los estudiantes se les explicó que el texto hacía referencia al proceso de lavar la ropa, su capacidad de retentiva aumentó enormemente. Vuelve a leerlo ahora y verás como te resulta mucho más fácil recordarlo. ¿La razón? Que al entenderlo puedes organizarlo de una forma personal en tu memoria y así lo retienes mejor.

ENTENDER ANTES QUE RECORDAR

El estudio de John Bransford y Marcia Johnson demostró lo inútil que resulta tratar de recordar palabras que no entendemos. El tiempo que nosotros dedicamos a reflexionar sobre el material que estamos leyendo y relacionarlo con el que previamente habíamos almacenado en nuestra memoria es tremendamente útil, ya que nos ayuda a recordar esos nuevos datos. Esta idea resulta muy importante en los recursos nemotécnicos que ya empleaban los antiguos griegos para recordar fragmentos y discursos extensos. De hecho, nemotécnico viene de la combinación de las palabras griegas *mnéme* (memoria) y *techne* (técnica).

Seguro que has visto el mapa de China un montón de veces.
Pero... ¿cuál de éstos es el correcto?

a)

b)

c)

d)

El juego de los antónimos. Estruja tu memoria semántica para encontrar una palabra contraria.

Fecundo / __________

Gruñón / _________

Hastío / _________

Evaporar / ___________

Aburrir / __________

Aceptar / __________

Salida / _________

Acortar / __________

Centro / _________

Valentía / ___________

Fácil / ________

Duro / _______

Vamos a mover un poco el esqueleto... literalmente. ¿Qué esqueleto está repetido en este dibujo?

¿Qué nombres de ciudades se pueden hacer reordenando estos grupos de letras?

ADPSUBTE: ______________

AGINPRSU: ______________

NICSSRAACNFO: ______________

AELMNORT: ______________

SONLÁPE: ______________

PSNSRGBEETARUO: ______________

LURBAESS: ______________

HEGOPACUNE: ______________

BALOSI: ______________

VOTRAPEEND: ______________

CEIAENV: ______________

G·BOND
ALUMINIUM COMPOSITE PANEL

1 PUNTO

1. Después de ver la fotografía está claro que es la hora de... (responde de forma creativa)

2. ¿Qué hacen los birmanos con los zapatos cuando suben al tren?

3. ¿Qué marca se anuncia en una de las paredes del vagón?

3 PUNTOS

4. ¿Hace calor en la Birmania de la foto?

5. Y sin embargo... ¿qué tipo de refrigeración o calefacción tiene el vagón de tren?

6. ¿Qué hacen en Birmania con las cortinas para que no molesten?

5 PUNTOS

7. ¿Qué tiene en la mano la señora de la bata de franela? ¿Y en la cara?

8. ¿Cuántas personas hay, cuántos niños y cuántos adultos?

9. ¿Qué tipo de maleta no se ve en la imagen?

a. Bolso de mano
b. Mochila con lunares
c. Bolso piel de leopardo
d. *Trolley* (maleta rodante)
e. Cesta
f. Bolsa de plástico

1 PUNTO

1. He aquí la triste despedida entre Telémaco y la ninfa Eucaris. ¿Quién está mirando al bello Telémaco?

2. ¿Qué hay detrás de los protagonistas?

a. Una cortina — b. La oscuridad

c. Una montaña — d. Una cueva

3. Rizado o liso. ¿Cómo tiene el pelo Eucaris?

3 PUNTOS

4. Este cuadro es de lo más sensual... ¿Dónde tiene su mano izquierda Telémaco?

5. ¿Quién pintó el cuadro y cómo puedes demostrarlo?

a. Jacques-Louis David — b. Rafael

c. Gilbert Stuart — d. Joseph Wright

6. ¿Cuántos colgantes lleva Eucaris en su vestido?

5 PUNTOS

7. ¿Cuántos pezones se le ven a Telémaco?

8. ¿Cuántos nudos tiene la cuerda que cruza el pecho de Telémaco?

9. ¿Cuáles de estas decoraciones lleva Eucaris en su vestido?

a. Cruces — b. Una corona

c. Tres pétalos — d. Rombos

36.14 36.30 36.11 +0.20 0.05%
54.13 54.19 54.27 54.49 54.75 55.05 +0.93 0.36%
77.24 77.85 77.94 78.09
24.19 24.22 24.01
33.04 36.11

1 PUNTO

1. **¿Cuántos brókeres hay en la imagen?**
2. **Entre el grupo de brókeres hay uno que, claramente, es el más mayor. ¿De qué color es su móvil?**
3. **A la derecha de la imagen aparece un bróker imberbe con el brazo estirado. ¿Cuántos botones dorados tiene la manga de su chaqueta?**

3 PUNTOS

4. **Sabemos que has memorizado todos los números, así que seguimos con los complementos. ¿Cuántas corbatas se ven en la imagen?**
5. **A la izquierda de nuestro bróker imberbe, hay otro barbilampiño. ¿Cuántos dedos levanta de su mano derecha?**
6. **¿Y con qué mano sujeta su teléfono móvil?**

a. Izquierda   b. Derecha   c. Con ninguna

5 PUNTOS

7. **Y ahora sí, vamos con las preguntas sobre números... ¿Qué número completa la primera fila de cotizaciones de la pantalla?**

36.14   36.30   36.80   ??

a. 36.95   b. 36.11   c. 37.02   d. 37.1

8. **¿Qué porcentajes aparecen a la derecha de la imagen? ¿0.05 % y...?**
9. **El más difícil todavía. ¿Qué números faltan en la segunda fila (la primera de color negro)? 3 puntos por cada número acertado.**

54.13   ??   ??   54.49   ??   ??

BRAD
Budget Has
Rough Path

1 PUNTO

1. **Zeus y Mnemosine (la memoria) tuvieron nueve hijas a las que llamaron musas. Los que las escuchan, reciben la inspiración. Pero este hombre no escucha nada de nada. ¿Con cuántos dedos se sujeta la frente?**
2. **En vez de musas tocando la cítara, nuestro escritor busca su inspiración en algo más tangible. ¿Qué es?**
3. **Y si la inspiración no llega, siempre queda el recurso de las sustancias psicoactivas... ¿Cuáles?**

3 PUNTOS

4. **Color de la franja del sombrero del escritor...**

   a. Negra b. Marrón

   c. Blanca d. No llega franja

5. **¿Cuántos cajones o gavetas tiene el fichero metálico? ¿Cuántos están abiertos?**
6. **¿Cuántas chinchetas están clavadas en el tablón del escritorio?**

5 PUNTOS

7. **¿Cuál es el nombre de pila del clarinetista del cartel? 1 punto extra por cada letra que recuerdes de su apellido.**
8. **Mujer rubia con abrigo blanco... ¿Dónde aparece? Y no es en los sueños del escritor.**
9. **¿Qué no aparece en la habitación?**

   a. Una pareja besándose b. Un señor con bigote

   c. Un *cowboy* a caballo d. Tinta

ETS

1 PUNTO

1. ¿Cuál de estas frases se podría leer entre las camisetas del público?

a. Let's go   b. Matera   c. Pisticci

2. ¿Cómo se ata la camisa el halconero?

3. El halconero lleva un cinturón por fuera del pantalón. ¿En cuántos agujeros aún podría ajustarlo más (con riesgo para la integridad de su barriga)?

3 PUNTOS

4. Juguemos a detectives. ¿Dónde es más probable que se tomara esta foto?

a. Brasil   b. Italia

c. Suecia   d. Panamá

5. Sigamos deduciendo. ¿Al público le da el sol directo en los ojos?

6. Hablando de la gente... No sé si tienes la misma sensación que yo. Parece que alguien nos observa. ¿Verdadero o falso?

5 PUNTOS

7. Basándonos en la fotografía, podemos afirmar que en Pisticci la miopía afecta más a...

a. Mujeres   b. Hombres   c. Niños

8. ¿Cuántas personas llevan gorra entre el público?

9. Por cierto... ¿De qué color es la correa del reloj de pulsera del ayudante del halconero?

1 PUNTO

1. Aunque no lo parezca, es una fotografía histórica. En Estados Unidos en 1933 por primera vez en 13 años se pudo celebrar el 4 de julio brindando con...

2. Todos los clientes llevan un sombrero canotier (de paja y plano por arriba). Todos menos uno. ¿Qué posición ocupa en la barra empezando por la derecha de la imagen?

3. ¿Qué no aparece en la imagen?

a. Perchero
b. Ventilador
c. Servilletero
d. Reloj de pared

3 PUNTOS

4. Tras 13 años de Ley seca, a más de uno se le va a subir el alcohol a la cabeza. Mejor comer algo. ¿Qué comida típica hay en la región?

5. ¿Quién osa no mirar a la cámara en una foto tan importante?

6. ¿De qué color es la corbata del camarero más mayor?

5 PUNTOS

7. Se puede beber cerveza. ¿Pero se puede fumar?

8. Hay tres mujeres en el bar. ¿Qué nos puedes decir de la que está en el medio?

a. Está casada
b. Seguramente, es miope
c. Le gusta el cine
d. Sabe la hora

9. ¿Hay algún hombre zurdo en el bar?

LONDON
City

1 PUNTO

1. ***God save the Queen!*** **¿De qué ciudad es esta tienda de *souvenirs*?**
2. **La queridísima reina Isabel II aparece hasta en la sopa. ¿En cuáles de estos objetos aparece reflejada?**

   a. Taza de té b. Plato
   c. Bus d. Pañuelo

3. **¿De qué material son los estantes que guardan tan precisos objetos?**

3 PUNTOS

4. **¿Cuántas tazas se presentan en envoltorio de plástico?**
5. **¿De qué miembro de la familia real se han olvidado en las tazas?**

   a. El príncipe Guillermo, duque de Cambridge
   b. El príncipe Carlos, príncipe de Gales (y heredero al trono)
   c. Diana de Gales, más conocida como Lady Di

6. **Si descartamos a la familia real británica como animales (aunque lo sean, biológicamente hablando, claro), ¿qué animal aparece representado en la foto?**

5 PUNTOS

7. **¿Qué no aparece en la foto?**

   a. The Beatles b. Big Ben
   c. London Eye d. Guardias de Buckingham Palace

8. **¿Es todo 100 % británico? ¿Qué otro país se coló en el escaparate?**
9. **Verdadero o falso: se ven corazones en la imagen.**

1 PUNTO

1. ¿Cómo son los pantalones del cocinero?

a. Cortos

b. Blancos a rayas

c. Negros a rayas

d. No se le ven los pantalones

2. Si quieres salir de la cocina, ¿dónde está la puerta?

a. A la izquierda de la foto

b. A la derecha

c. No se ve

d. Justo en el centro

3. ¿Dónde está la sal?

3 PUNTOS

4. Por cierto, ¿qué hora es?

5. ¿Quién lleva pajarita y quién lleva corbata en la imagen?

6. ¿Está encendida o apagada la lámpara que se ve en la cocina?

5 PUNTOS

7. ¿Dónde están las especias en esta cocina?

8. ¿Memorizaste algo sobre las chicas? No te va a servir de nada. Nos interesa más el suelo de la cocina. ¿Cómo es?

9. Juguemos a detectives. Hay un tremendo error en algo que está haciendo el cocinero. ¿Cuál es?

1 PUNTO

1. "Qué bonito es el amor cuando llega. Se asoma, te atrapa y vuela". En este caso ha volado tanto que se van a casar. ¿O se han casado ya?
2. Juguemos a detectives... ¿Quién va a hablar primero?
3. ¿Llevan todas las damas de honor el mismo vestido?

3 PUNTOS

4. ¿Qué orden sigue la disposición de las damas de honor?
5. Hablemos de simetría. Sobre el escenario hay...

   a. Más hombres b. Más mujeres

   c. Hombres y mujeres por igual

6. ¡Atención, miren a la cámara y digan parchís! ¿Dónde está el fotógrafo?

5 PUNTOS

7. ¿Qué llevan los caballeros de honor en la solapa? Puede haber varias respuestas correctas... o ninguna.

   a. Pañuelo negro b. Ramito de flores

   c. Pañuelo blanco d. Un corazón

8. Parece una boda muy clásica, pero hay alguien que está rompiendo la etiqueta. ¿Quién es y por qué?
9. ¡Ay, qué sed! ¿Dónde están las copas y la botella de champán?

I LOVE
YOU

1 PUNTO

1. Sabemos que el provecto pero enamoradizo señor de la foto estaba dudando entre dos regalos para su secretaria. Uno era la caja de bombones. ¿Y el otro? Pista: está cerca de él.

2. También sabemos que la mujer acaba de entrar en la habitación, porque su chaqueta...

a. La lleva puesta
b. Está colgada del perchero
c. La tiene junto a ella
d. No lleva chaqueta

3. En cuanto a la chaqueta del hombre, ¿la tiene abierta o cerrada?

3 PUNTOS

4. ¿Cómo tiene las uñas la mujer?

a. Pintadas
b. Sin pintar
c. No se le ven
d. Lleva guantes

5. ¿Dónde se ha sentado nuestro sonriente caballero para tan memorable momento?

6. ¿Con qué mano sujeta la caja de chocolates?

5 PUNTOS

7. ¿Quién de los dos tiene la boca abierta o semiabierta?

8. Encuentra al intruso. ¿Cuál de estos objetos no aparece en la foto?

a. Fruta
b. Estatua
c. Flores
d. Colgador
e. Gente en el campo

9. ¿Cuántas lámparas se ven en la imagen? ¿Cuáles están encendidas?

1 PUNTO

1. **Hombres o mujeres, ¿quién gana en número?**
2. **Qué gente más encantadora... pero vamos primero con la naturaleza. ¿Dónde está el tronco del árbol?**
3. **¿Quién lleva coletas? Y aún más importante: ¿las lleva por delante o por detrás de las orejas?**

3 PUNTOS

4. **¿Cuántas personas enseñan los dientes?**
5. **Juguemos a detectives. ¿En qué tienda o negocio deberían pedir descuento esta familia? (Y no tiene nada que ver con el dentista.)**
6. **¿Quién lleva pendientes?**

5 PUNTOS

7. **¿Quién lleva flores en el pelo?**
8. **¿Cuántos botones de la camisa lleva desabrochados el padre (es decir, el hombre que aparece de pie en el centro de la fotografía)?**
9. **Y por último... ¿Con qué dedo se va a tomar la foto?**

1 PUNTO

1. Qué alegría, qué alborozo. ¿Qué palabra preside la fiesta?

a. Hippie b. Happy c. Hipe d. Apple

2. ¿Cuántas personas hay? ¿Cuántos chicos y cuántas chicas?

3. Juguemos a detectives. ¿Qué crees que están celebrando?

3 PUNTOS

4. ¡Sonrían! ¿A cuántas personas se le ven los dientes?

5. ¿Cuántas personas llevan gafas?

6. ¿De qué material está hecha la pared de la habitación?

5 PUNTOS

7. Todo el mundo está tirando confeti. ¿Todo el mundo?

8. En la fotografía, hay tres personas detrás del sofá, tres sentadas en el sofá y una a cada lado. Ésta es la disposición:

Persona 1 Persona 2 Persona 3

Persona 4 Persona 5

Persona 6 Persona 7 Persona 8

Identifica la ropa de cada personaje. 2 puntos por cada respuesta acertada, 2 puntos menos por cada fallo.

a. Pajarita: ____________ b. Camisa tejana: ____________

c. Cuernos de ciervo: ____________ d. Camiseta de tirantes: ____________

e. Varias pulseras: ____________ f. Americana y camiseta: ____________

g. Reloj de pulsera: ____________

1 PUNTO

1. ¿Dónde tiene lugar la acción?
2. ¿Y dónde se tomó de verdad la foto?
3. ¿Cuántas manos izquierdas se ven en la fotografía?

3 PUNTOS

4. Si tuvieras que preguntarle la hora a uno de los personajes, ¿quién te la diría?
5. ¿Quién tiene menos pelo? 3 puntos extra si adivinas su profesión.
6. ¿Quién tiene la boca cerrada?

5 PUNTOS

7. ¿Cuántas tazas aparecen en la imagen?
8. Según esta fotografía, la pajarita combina con

   a. Traje a rayas
   b. Bata de peluquería
   c. Traje negro
   d. Traje claro

9. Y acabamos con números. ¿Cuántas sillas se ven?

CRIME INVESTIGATION
FORENSIC LABORATORY

1 PUNTO

1. **Venga, Philip Marlowe, demuestra lo buen detective que eres. ¿Cuál parece ser el arma del crimen?**
2. **¿Dónde le han disparado a la víctima?**
3. **¿Cuántas pruebas han encontrado los investigadores en el lugar del crimen?**

3 PUNTOS

4. **¿Cuántas huellas están investigando y de qué pie son?**
5. **¿Qué está haciendo la única persona que lleva sombrero?**
6. **¿Quién está utilizando el microscopio?**

   a. Hombre   b. Mujer

   c. Perro policía

5 PUNTOS

7. **¿Cuántas partes de la secuencia de ADN están marcadas?**
8. **¿Cuántas balas aparecen en el cartel que hay en el departamento forense?**
9. **En función de lo observado en la imagen, ¿qué podrías decir del rostro del asesino?**

1 PUNTO

1. **Parecidos razonables... Nos han dicho que el boxeador que está de pie tiene un hermano gemelo en la sala. ¿Quién es?**
2. **¿En qué parte del cuerpo lleva un vendaje el boxeador que está de pie?**
3. **¿Cuál de los dos boxeadores lleva calcetines blancos?**

3 PUNTOS

4. **¿Cuántas manos reposan sobre la lona?**
5. **¿Cuántas cuerdas tiene el *ring* a la derecha de la imagen?**
6. **¿Cuántos dedos y cuáles tiene levantados el juez de la pelea?**

5 PUNTOS

7. **¿Qué lleva el juez de la contienda?**

   a. Corbata — b. Pajarita

   c. Lazo — d. Nada de lo anterior

8. **¿Te has fijado? Hay cuatro hombres sin chaqueta en toda la sala. Identifícalos.**
9. **¿En qué se sientan los espectadores?**

1 PUNTO

1. Todo el mundo de pie, mano en el pecho, vista al infinito y a cantar. ¿Cuántas banderas de EE. UU. aparecen en el desfile?
2. ¿Qué época del año es? 3 puntos extra si aciertas el día.
3. ¡Sacrilegio! Una bandera está tocando el suelo. ¿Quién es el responsable de semejante descuido?

    a. Un soldado de marina
    b. Un soldado de infantería
    c. Uno de aviación
    d. Un hombre sin uniforme

3 PUNTOS

4. ¿Cuántas armas se ven?
5. ¿Todo el mundo se pone de pie al ver pasar las banderas?
6. Los que desfilan muestran un respeto, una seriedad... o no. Hay alguien en pantalón corto?

5 PUNTOS

7. Si cada lado de la foto corresponde a un punto cardinal (norte-arriba, sur-abajo...). ¿Dónde está el sol?
8. Juguemos a detectives... ¿Qué sabemos con total seguridad que se escuchaba al tomar la foto?
9. ¿Cuántas líneas blancas se ven en el suelo? ¿Cuántas son continuas y cuántas discontinuas? (No todo iba a ser patriotismo en esta pregunta.)

1 PUNTO

1. A falta de armarios, siempre puedes utilizar el sofá para guardar tus cosas. ¿El propietario de este sofá es más de fútbol o de baloncesto?

2. ¿Tenis o golf?

3. Y si alguien le regala flores, ¿dónde las pondrá?

3 PUNTOS

4. ¿Dónde hay ruedas?

5. ¿Cuál de estos deportes no se practica?

a. Boxeo b. Rugby

c. Submarinismo d. Bádminton

6. Pongamos que al ver esta escena te da un ataque de histeria y te quieres poner a ordenar. ¿Dónde hay perchas?

5 PUNTOS

7. ¿Qué objeto no aparece en la foto?

a. Vaso de café b. Pelota de béisbol

c. Casco de bicicleta d. Guantes

8. ¿Dónde están las tijeras?

9. ¿Dónde están las tachuelas?

1 PUNTO

1. **¿Quién tiene un móvil en la mano?**

   a. Chico b. Chica

   c. No hay ningún móvil

2. **Pongamos que tienes sed. ¿Cuántos vasos de café se ven en la imagen?**

3. **¿Qué le dice un techo a otro techo? ¿Están encendidas las luces del techo? Responde sólo a la segunda pregunta.**

3 PUNTOS

4. **Alguien con madera de detective como tú seguro que sabe cuántas personas había como mínimo en el autobús cuando se tomó la foto.**

5. **¿Dónde está el revisor?**

6. **¿Cuál de estas personas está más cerca de pulsar el botón de parada?**

   a. Mujer con pañuelo en el cuello b. Mujer rubia con pantalón negro

   c. Joven con sudadera d. Mujer con maleta

5 PUNTOS

7. **¿Quién te podría decir la hora?**

8. **¿Cuántas manijas cuelgan de la barra superior para sujetarse y cuántas están siendo utilizadas?**

9. **Y hablando de manos... ¿Cuántas personas llevan las uñas pintadas?**

c
b
a
HO
2
1
c
b
a
E= mc²
SCIENCE
·VECTOR SET·
h

1 PUNTO

1. ¿Qué famosa fórmula matemática aparece en la imagen?
2. ¿Cuántas tuercas hay dentro de la cabeza humana?
3. ¿Qué aparece en la imagen que sirve para dibujar?

3 PUNTOS

4. El optimista ve el vaso medio lleno. El pesimista, medio vacío. Y el químico lo ve completamente lleno: ¡mitad con líquido, mitad con aire! Pero basta de chistes, ¿cuántas burbujas tiene la probeta del centro de la imagen?
5. ¿Qué no aparece en la imagen?

   a. Una nube   b. Una manzana

   c. Onda de radio   d. Una lupa

6. ¿Qué letra mide la altura del cono?

5 PUNTOS

7. ¿Qué dibujo hay a la derecha del imán?
8. ¿Qué número aparece en la pantalla de la calculadora y de qué color?
9. Un neutrón va a un restaurante y al terminar la comida pregunta al camarero: "¿Cuánto es?". "Nada, para usted sin carga". ¿Pillaste el chiste? ¿Dónde está dibujado el átomo de la imagen?

1 PUNTO

1. **Teniendo en cuenta las camas, ¿cuántas personas pueden dormir en esta casa?**
2. **En cambio, ¿cuántos escritorios se ven en la casa?**
3. **¿Cuántas plantas hay en la terraza?**

3 PUNTOS

4. **¿Has localizado la puerta principal? Vamos a ver. Si entras por la puerta principal, ¿que tienes a tu izquierda?**
5. **Sabemos de buena tinta que hay una lavadora y una secadora en la casa. Aunque no se vean, ¿cuál es la única habitación donde pueden estar?**
6. **¿De qué está hecho el suelo de la terraza?**

5 PUNTOS

7. **Juguemos a detectives... Todas las habitaciones tienen un fallo clamoroso. ¿Cuál?**
8. **Sigamos jugando a detectives... ¿Qué podrías decir del clima, aunque no se vea el cielo?**
9. **Seamos exactos. ¿Cuántas toallas cuelgan junto a la ducha?**

1 PUNTO

1. **Los miembros de la familia Schimmel, además de venerables bebedores de cerveza bávara, siempre fueron muy sonrientes. Eso sí, nunca entendieron eso de "miren al pajarito" a la hora de hacer una foto. ¿Cuántas personas miran a la cámara?**
2. **¿Qué miembro de la familia tiene los brazos cruzados?**
3. **¿A quién deberías preguntarle la hora?**

3 PUNTOS

4. **¿Qué podemos saber de la señora Gutra, risueña esposa del señor Schimmel que, como manda la tradición, se ha sentado a su izquierda?**
5. **¿Quién lleva algún botón desabrochado de la camisa?**
6. **¿Cuántas cruces cristianas hay?**

5 PUNTOS

7. **¿Cómo es la camisa de Margot, la más joven de los Schimmel?**

   a. A cuadros

   b. Decoración abstracta

   c. Color plano

   d. Con encaje de bolillos

8. **¿Quién está cruzado de brazos?**
9. **¿Quién lleva corbata?**

1 PUNTO

1. Bienvenidos al famoso Atomium construido en Bruselas para la Exposición Universal de 1958, símbolo de esperanza en el futuro tras la destrucción de la guerra... Sí, vale, ¿pero cuántas esferas se ven en la foto?

2. ¿Qué época del año es?

a. Primavera

b. Verano

c. Otoño

d. Invierno

3. ¿Cuántas barras tiene la bandera que se encuentra en lo alto de la construcción?

3 PUNTOS

4. El Atomium es, sin duda, uno de los lugares que tienes que visitar si vas a Bruselas. ¿Cuántos autocares se ven?

5. ¿Dónde están las escaleras? O será otra pregunta trampa...

6. ¿Cuántas esferas tienen cristalera para ver el exterior?

5 PUNTOS

7. ¿Es un pájaro? ¿Es un avión? ¿Es Superman? No lo sabemos, pero la cuestión es: ¿has visto algo sobrevolando el Atomium?

8. Las taquillas no están en la entrada, sino en un lado de la entrada. ¿A qué lado?

9. Cosas de biología. ¿Son caducifolios todos los árboles de la imagen?

1 PUNTO

1. **Estos cuatro hombres se están preparando para una boda, pero hay uno que todavía va en calcetines. ¿Cómo son?**
2. **¿Y dónde están sus alpargatas?**
3. **Verdad o mentira... ¿Está encendida la lámpara de la habitación?**

3 PUNTOS

4. **Juguemos a detectives... ¿De quién podemos decir con certeza que no es el novio?**
5. **¿Dónde están las corbatas?**

   a. Las llevan puestas b. Sobre el sofá

   c. Sobre la silla d. Sobre la mesa

6. **¿Cuántos espejos hay y en cuántos te podrías mirar la cara?**

5 PUNTOS

7. **Hay un detector de humos en la habitación.**

   a. Verdad b. Mentira

   c. No se puede saber

8. **Sabemos que uno de ellos es el músico de la ceremonia. ¿Quién es?**
9. **¿Cuántas patas tienen las mesillas del comedor?**

PACKAGE LIQUOR
Cocktails
MEXICAN FOOD
CANYON
CLUB
PACKAGE GOODS
DANCING
HOME OF THE WORLD'S LARGEST STEEL ROUTE 66 SHIELD SIGN
ADDICTED TO 66 DEALS
OPEN
THE WORLD FAMOUS
Coca-Cola

1 PUNTO

1. ¿Cómo se llama esta carretera?
2. ¿De qué color son los neumáticos del Cadillac blanco que está aparcado al principio de la fila de coches?
3. ¿Qué anuncia el banco de la tienda?

3 PUNTOS

4. ¿Ganas de bailar? Pues vamos al club. ¿Cómo se llama el club del pueblo?
5. ¿Y dónde puedes encontrar bebidas alcohólicas?
6. ¿De qué está hecha la casa que está en primer plano (la primera a la derecha de la imagen)?

   a. Ladrillo   b. Madera

   c. Yeso   d. Piedra

5 PUNTOS

7. Completa la frase: "Addicted to".
8. ¿Qué sale de las ruedas que hay en la entrada de la tienda de *souvenirs*?
9. ¿De qué material está hecha la acera de la calle?

1 PUNTO

1. Mucho antes de los duelos entre Kasparov y Karpov, los egipcios ya jugaban a una especie de ajedrez. ¡Tutankanov contra Ramsesnov en *prime time* siglos antes de Cristo! ¿Cuántas fichas tiene el ajedrez de la imagen?

2. Gente con cuerpo de persona y cabeza de animal. O es una película de terror o un desfile de dioses egipcios. ¿Qué cabezas de animal hay en la imagen?

a. Halcón b. Chacal c. León

d. Gato e. Ibis f. Cocodrilo

3. ¿Qué animal tiene en la cabeza la mujer que juega al ajedrez?

3 PUNTOS

4. ¿Dónde está el escarabajo alado, símbolo del emperador?

5. ¿Cuántos peces hay?

a. Ninguno b. 2 c. 3 d. 5

6. Al autor de este papiro se le ha ido la mano con el *Photoshop*. Además de los peces, ¿qué otro animal se repite exactamente igual?

5 PUNTOS

7. El Anj es una cruz con un asa en la parte superior. ¿Cuántas aparecen en la imagen y dónde están?

8. Se dice que Horus perdió su ojo izquierdo luchando contra Seth (quien había matado a su padre). ¿Pero dónde está el ojo izquierdo de Horus?

9. ¿En qué mano lleva un brazalete la faraona que juega al ajedrez?

ISTANBUL
Rumeli Castle
Fatih Sultan Mehmet Bridge
Taksim Square
Nostalgic tram
Europe
Bosphorus
Galata Tower
Golden Horn
Kumpir
15 July Martyrs Bridge
Mecidiye Mosque
Piere Loti Hill
Dolmabahce Palace
Balat
Egyptian Bazaar
Tea and baggel
Suleymaniye Mosque
Grand Bazaar
Gulhane Park
Maiden's Tower
Uskudar
Asia
Topkapi Palace
North
West
East
South
Basilica Cistern
Hagia Sophia Museum
Sultanahmet Square
Blue Mosque

1 PUNTO

1. Estambul, año 1955. En plena Guerra Fría estás huyendo en un ferry. Los agentes de la Stasi te pisan los talones. ¿En qué dirección vas?

a. A Europa   b. A Asia   c. A África

2. Estás cruzando el estrecho de Estambul, también llamado...

3. Allí está la torre de la Doncella. Si la bandera está desplegada, te están siguiendo. ¿Cómo está?

3 PUNTOS

4. Tienes que volver a la parte europea. Tomas la carretera que bordea la costa, pero tienes hambre y te paras a comprar...

a. Un durum   b. Una rosquilla   c. No hay nada para comer

5. Vuelves a Europa cruzando el primer puente. Tu contacto en la CIA te espera en un castillo. ¿Hacia dónde giras al cruzar el puente?

a. A la derecha   b. A la izquierda   c. Sigues de frente

6. Tu contacto ha sido detenido. Tienes que huir a la parte sur de la ciudad. ¿Cuántos puentes hay para cruzar el Golden Horn?

5 PUNTOS

7. Han organizado controles en todos los puentes menos en uno. Es el que sale de la torre Gálata. Descríbelo.

8. ¿Qué es lo primero que te encuentras en la parte sur de la ciudad?

a. El Balat   b. El bazar egipcio   c. El Hagia Sophia

9. Tu nuevo contacto está en la colina Pierre Lotti. Dinos algo de él...

ВОДКА

1 PUNTO

1. ¿A dónde miran todos estos ilustres personajes?

2. ¿Quiénes no tienen bigote? Y 3 puntos extra si nos dices cuántos bigotes se ven en total.

3. A ver cómo estás de protocolo militar. La banda del traje militar se lleva en...

a. El lado derecho

b. El lado izquierdo

c. El centro

3 PUNTOS

4. ¿Quién se ha arremangado la chaqueta?

5. ¿Dónde está el sofá?

6. Por lo visto en la foto, esta sala podría ser...

a. Un dormitorio

b. El estudio de un pintor

c. Un invernadero

d. Un salón de belleza

5 PUNTOS

7. ¿Qué condecoración lleva el hombre sin uniforme militar?

8. Juguemos a detectives. ¿Qué dos bebidas están bebiendo en la habitación?

9. ¿Cuántas personas están fumando?

Soluciones

N 02

1. Aries, 2. Tauro, 3. Géminis, 4. Cáncer, 5. Leo, 6. Virgo, 7. Libra, 8. Escorpio, 9. Sagitario, 10. Capricornio, 11. Acuario, 12. Piscis

N 03

a-7, b-8, c-6, d-1, e-5, f-3, g-4, h-2

N 04

a. En boca cerrada no entran moscas.
b. En casa del herrero, cuchillo de palo.
c. En el país de los ciegos el tuerto es el rey.
d. Mal de muchos consuelo de tontos.
e. No por mucho madrugar, amanece más temprano.
f. Lo barato sale caro.
g. Poderoso caballero es don dinero.
h. No hay mal que dure cien años.
i. Ojos que no ven, corazón que no siente.
j. Dime de qué presumes y te diré de qué careces.
k. Piensa mal y acertarás.

N 05

1) 1914. 2) 1992. 3) 1969. 4) Tu madre nos pidió que no la publicáramos. 5) 1986. 6) 1789. 7) 1492. 8) 2004. 9) 2010. 10) 1982. 11) 1989.

N 07

a-6, b-4, c-1, d-7, e-3, f-2, g-5

N 09

El fragmento A.

N 10

Hijo de la luna, Mecano
Luna, quieres ser madre
Y no encuentras querer que te haga mujer

Si tú me dices ven, Los Panchos
Si tú me dices ven, lo dejo todo
si tú me dices ven, será todo para ti
mis momentos más ocultos,
también te los daré,

Vivir así es morir de amor, Camilo Sesto
Siempre me voy a enamorar
de quien de mi no se enamora,
y es por eso que mi alma llora.

A Dios le pido, Juanes
Que mis ojos se despierten
Con la luz de tu mirada yo
A Dios le pido
Que mi madre no se muera
Y que mi padre me recuerde

N 12

1) Arroz yakimeshi. 2) Una persona. 3) Pollo. 4) Media cebolla. 5) Un wok. 6) Una sartén un poco profunda. 7) Falso. 8) Falso. 9) Verdadero. 10) Falso. 11) Se hace un espacio en el centro del wok y se añade allí el huevo crudo sin batir. Se remueve hasta que esté cocinado y se mezcla con el resto de ingredientes del wok.

N 13

N 14

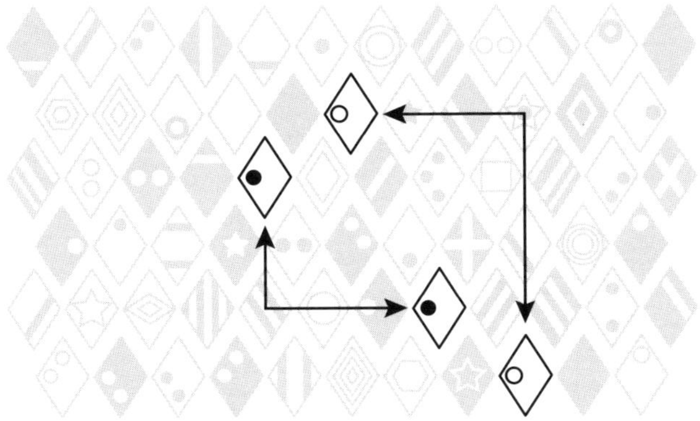

N 17

N 20

He aquí un ejemplo de antónimo para cada palabra, aunque hay otras opciones igual de válidas:

Sombra – Luz
Ocultar – Mostrar
Principio – Final
Problema – Solución
Simple – Complejo
Cerrar – Abrir
Infierno – Cielo
Hola – Adiós
Igual – Distinto
Ensuciar – Limpiar
Limpio – Sucio
Rico – Pobre

N 21

1-c, 2-d, 3-a, 4-b, 5-a, 6-a, 7-d, 8-b

N 22

a) Compost. b) Complot. c) Confort. d) Sabbat. e) Ballet. f) Sprint. g) Offset. h) Boicot. i) Vermut. j) Chalet. k) Robot. l) Argot. m) Tarot. n) Fagot. ñ) Mamut. o) Pívot.

N 23

N 26

57 puntos. Hay 14 líneas, 12 círculos, 15 triángulos y 16 cuadrados.

N 27

ABRELATAS, BUSCAVIDAS, QUITASOL, MATASANOS, PORTAMONEDAS, PASAPURÉS, MEDIODÍA, MONDADIENTES, TENTETIESO, PELAGATOS, PASAMANOS, VINAGRE, TEJEMANEJE

N 28

Acertijo 1:
2/17. En la fila de arriba se resta 2 a cada número, en la de abajo se suma 3.

Acertijo 2:
El 9 es el único número compuesto por una sola cifra.

Acertijo 3:
El número 9, porque todos los demás números componen la tabla de multiplicar del 9.

Acertijo 4:
30. A cada número se le suma otro número de la tabla del 1: 2 + 1 = 3, 3 + 2 = 5, 5 + 3 = 8, 8 + 4 = 12...

Acertijo 5:
Los mismos escalones estarán sobre el agua tres horas después; el barco flota y, por tanto, la marea no le afecta.

N 29

Éstas son las grafías correctas:
República de Botsuana, Dubrovnik, Shanghái, Lago Baikal, Zimbabue, Principado de Liechtenstein, Pionyang, Macizo Annapurna

N 31

He aquí algunas soluciones. Hay muchas más, por supuesto:

LRCUOMIEGA: murciélago, comulgaré, comulgar, glucemia, alérgico, lagrimeo, colegiar, guareció, elogiar, recluta, colegir, colgaré, ciruelo, malcrió, liguero, mágico, camelo, colmar, racimo, magreo, colega, cuelga, licuar, alegro, mulera...

DFSATDEIO: editados, fétidos, desafío, ideados, odiaste, desoída, tediosa, estadio, fideos, afeito, fiesta, fiaste, asedio, editas, odisea, dotáis, oteáis, sedado, dotas, estío, tosed, fetos, adiós, asido, todas, dedos...

N 32

El dibujo número 3.

N 34

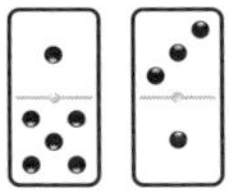

N 35

K	V	Y	A	G	U	J	A	S	Z
S	D	A	S	N	Ñ	B	D	D	L
J	F	D	C	W	E	D	F	L	D
D	P	F	O	A	K	V	J	I	F
H	O	N	F	P	N	K	E	U	H
F	I	C	J	A	X	F	G	R	F
A	L	L	I	S	C	L	H	N	A

N 36

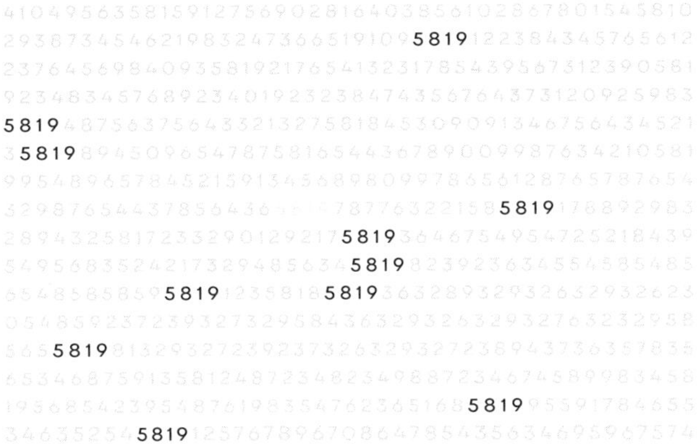

N 39

N 41

Hay 22 hexágonos.

N 43

El mapa correcto es el c.

N 44

He aquí un ejemplo de antónimo para cada palabra, aunque hay otras opciones válidas:

Fecundo – Estéril
Gruñón – Contento
Hastío – Alegría
Evaporar – Solidificar
Aburrir – Divertir
Aceptar – Rechazar
Salida – Entrada
Acortar – Ampliar
Centro – Borde
Valentía – Miedo
Fácil – Difícil
Duro – Blando

N 45

N 46

ADPSUBTE: Budapest
AGINPRSU: Singapur
NICSSRAACNFO: San Francisco
AELMNORT: Montreal
SONLÁPE: Nápoles
PSNSRGBEETARUO: San Petersburgo
LURBAESS: Bruselas
HEGOPACUNE: Copenhague
BALOSI: Lisboa
VOTRAPEEND: Pontevedra
CEIAENV: Venecia

N 47

1. La hora de la siesta o la hora del despertar. Menuda modorra rezuma en el ambiente del vagón. Uno de cada cuatro lectores bosteza tras dos minutos mirando esta imagen.
2. Se los quitan. No se ve ni a un pasajero con los zapatos puestos.
3. G-BOND, aunque, en realidad, no es un anuncio, sino un tipo de panel compuesto de aluminio. Vamos, que se olvidaron de pintar esa pared o de taparla con algo.
4. No. Hay una señora que lleva una bata de franela tan gruesa que le provocaría sofocos a un habitante de Laponia.
5. Ventiladores. Se ve uno de ellos en el techo del vagón.
6. Un nudo. Solución inteligente cuando tienes cortinas de tela. No trates de hacer eso con una persiana.
7. Tiene un teléfono móvil en cada mano. No da abasto esta mujer para expresarse. Su hijo se ha dormido de aburrimiento. En la cara luce unas bonitas gafas.
8. Hay siete personas, tres niños y cuatro mujeres.
9. c)

N 48

1. Pues el perro, porque la pobre Eucaris no tiene fuerza ni para mirar por última vez a su amado.
2. c). No puede ser una cueva, porque crece una planta por detrás de Telémaco. Todo está oscuro como presagio del desenlace de la historia. Eucaris esperará durante años a Telémaco hasta que una adivina le revele la verdad: el muy desgraciado se ha casado con otra mujer. Eucaris muere de desesperación. Se cierra el telón.
3. Rizado y recogido en una coleta (3 puntos extra si acertaste el peinado).
4. En la lanza. Es su mano derecha la que toca la pierna de Eucaris. Lo de "sensual" era una pista falsa para confundir tu mente malpensante.
5. a). El apellido del artista, David, aparece en el tubo que lleva Eucaris. El artista francés lo pintó durante su exilio en Bruselas.
6. Cuatro, uno en el hombro y tres en el costado. Aunque esos tres colgantes dejan ver trozos minúsculos de su hermosa piel blanca. Sugerir siempre es mejor que mostrar.
7. Sólo uno y el perro parece que quiere tocarlo con su hocico. ¿Presagio de infidelidad?
8. Uno, a la altura de su corazón. Señal de su falta de amor (alexitima lo llaman los psicólogos, puro egoísmo lo llamamos el resto).
9. a) y c)

N 49

1. Siete personas.
2. Negro.
3. Cuatro botones (le gusta enseñarlos).
4. Dos corbatas, una negra y otra a rayas. 3 puntos extra si acertaste el diseño.
5. Un dedo, el índice. Venga, 2 puntos extra si acertaste el dedo.
6. a)
7. b)
8. 0.36 %. ¡Ves como sirvió de algo memorizar tanto número!
9. 53.13 54.19 54.27 54.49 54.75 55.05

N 50

1. Con uno, el dedo índice.
2. Los recortes de prensa que cuelga junto a su máquina de escribir.
3. El alcohol y el tabaco. Drogas psicoactivas: dícese de las que afectan a la conciencia o a la actividad mental (sean legales o no).
4. a)
5. Se distinguen ocho cajones (dos filas de cuatro) y ninguno está abierto.
6. Cinco chinchetas, una por cada grupo de noticias.
7. BRAD M____AN
8. En el cartel de la película que hay sobre la foto de Brad, nuestro amigo clarinetista.
9. c)

N 51

1. a), aunque sólo se ve el "ets go."
2. Con un cordel. No lleva botones esa camisa.
3. Tres agujeros.
4. Es Italia, concretamente, Pisticci, una población en el sur de Italia (aunque esto último sería imposible que lo dedujeras de la foto). Lo de Italia lo sabemos por eliminación. No puede ser Suecia por el aspecto de la gente; ni Brasil o Panamá, porque no es un águila, sino un halcón. El águila que habita los bosques lluviosos de América tiene doble cresta y pelaje gris en la cabeza.
5. No lo sabemos, pero no lo parece, porque sólo dos personas llevan gafas de sol y los demás miran sin arrugar los ojos.
6. Verdadero. Aunque no te obsesiones... No te están mirando a ti, simplemente, estaban mirando a la cámara cuando se hizo la foto. Hay varias personas: la mujer con gafas en la cabeza, el hombre con pelo blanco y gafas de sol, la mujer con las letras "ou" en la camiseta...
7. b). Aparecen seis hombres con gafas graduadas, por sólo tres mujeres.
8. Sólo una persona, el ayudante del halconero. Y 3 puntos extra si recordaste que es una gorra de capitán de barco. Cosas de Pisticci, no quieras saber por qué.
9. Blanco, como la camisa del halconero. ¡Cómo cuidan los detalles en Pisticci!

N 52

1. Cerveza (es lo que se ve en la foto). Concretamente, cerveza de 3,2 grados de alcohol. El 21 de marzo de 1933 el presidente Roosevelt había legalizado la venta de cerveza que tuviera hasta 3,2 grados de alcohol y la venta de vino. Fue el final de la Ley seca.
2. Es el tercero.
3. d)
4. La langosta... vemos una (aunque sea de madera) sobre la puerta de servicio.
5. Dos personas. El cliente con el sombrero diferente y el camarero más mayor (un gran profesional, por cierto: sólo tiene ojos para su jarra de cerveza).
6. Negra.
7. Sí, el cuarto hombre empezando por la izquierda tiene un cigarrillo en la mano. Se ve el humo que asciende sobre su mano.
8. d), porque lleva un reloj en la mano izquierda. Y también la b), porque lleva gafas.
9. Ninguno, todos los hombres sujetan su jarra de cerveza con la mano derecha.

N 53

1. Londres, "of course".
2. Ni en el pañuelo ni en el bus. Y tiene su explicación. No resultaría elegante sonarse los mocos sobre el retrato de Su Majestad. Y, para ser sinceros, Isabel II no ha utilizado el bus de línea en su vida... "Elementary, my dear Watson".
3. Cristal. "Del material con que se forjan los sueños", que decía Humphrey Bogart al final de *El halcón maltés.*
4. Tres tazas.
5. b). Pobre Carlos, el heredero al trono no tiene taza propia.
6. Unos patitos preciosos (de plástico, eso sí).
7. a)
8. Tres países: Canadá, Francia e Israel (se ven sus banderas en un objeto que aparece en la estantería superior, junto a las cabinas telefónicas). 2 puntos extra si adivinaste el segundo país. Y 3 puntos más si acertaste el tercero.
9. Verdadero. Se ven cuatro corazones: tres en la estantería central y uno en la estantería inferior. 3 puntos extra si recordaste el número de corazones.

N 54

1. c)
2. a). La puerta que hay a la derecha es la de un armario (o la de una habitación para enanos, cada cual es libre de imaginar).
3. En el recipiente que hay colgado en la pared junto al horno (a la izquierda de la imagen).
4. Las 7 y 25 de la tarde. De acuerdo, podrían ser también las 7 y 25 de la mañana, pero nadie en su sano juicio termina de asar un pavo a esa hora.
5. El cocinero lleva pajarita. El que prueba el pavo lleva corbata.
6. Apagada.
7. En los tarros que hay en la estantería, justo detrás de los personajes.
8. Está hecho de azulejos cuadrados y oscuros.
9. Está tocando la puerta del horno con la mano, sin utilizar un paño de cocina. El horno debería estar caliente, pero no lo está...

N 55

1. Ya se han casado. Lo sabemos porque están en la sala de fiestas y toca el momento emotivo y lacrimógeno de los discursos. Por cierto, *Qué bonito es el amor* es una canción de La Pegatina.
2. La novia, porque tiene el micrófono en la mano. Como establece la navaja de Ockham, "En igualdad de condiciones, la explicación más sencilla suele ser la más probable".
3. Sí, exactamente el mismo. La tradición de vestir igual arranca en la antigüedad, cuando no sólo las damas de honor, sino también la novia vestían de la misma forma. Era una manera de confundir a pretendientes celosos o desconcertar a malos espíritus o augurios. Como si a los espíritus se les pudiera confundir con la moda.

4. La altura, de menor a mayor. Lo cual hace que la novia parezca bajita, por cierto.
5. a)
6. A la derecha de la imagen, justo al lado de los caballeros de honor. Sólo se le ven las manos y la cámara.
7. Es la b) para los caballeros con el traje negro y la a) para el caballero con el traje blanco.
8. El caballero de honor con el traje blanco rompe las reglas de etiqueta y no por el color de su ropa, sino por el calzado informal que lleva. ¡A quién se le ocurre ir a la boda con mocasines!
9. Las copas están encima de la mesa y están llenas. No se ve ninguna botella de champán, porque es una boda de alto copete (los camareros se encargan de servir).

N 56

1. El libro que tiene junto a sus nalgas.
2. c). La chaqueta está en el sofá, junto a ella.
3. Está abotonada por un solo botón (que poco va a durar si ella dice que sí).
4. a)
5. En la mesa de centro del salón.
6. Con su mano izquierda.
7. Ninguno de los dos. Por ahora, ni que sí, ni que no.
8. d). La gente en el campo aparece en la pintura de la sala.
9. Se ven tres lámparas. Dos encendidas y una apagada.

N 57

1. Empate técnico, cuatro hombres y cuatro mujeres.
2. El árbol está la derecha de la imagen, detrás del chico que hace el *selfie*. Perdón, *usie*, que así se llaman los *selfies* en grupo. "¡Malditos anglicismos!" exclamarían los académicos de la lengua española si a esos provectos señores se les permitiera juramentar en público.
3. La niña lleva coletas (muy típico). Y las lleva por delante de las orejas. No podría ser de otra forma con semejantes orejas de soplillo que tiene la niña. Igual que su hermano... No hay duda de que son familia.
4. Siete personas, sólo el abuelo no los enseña. Claro que igual lleva dentadura postiza y no es como para jactarse...
5. En la óptica. Cinco de los ocho miembros de la familia llevan gafas.
6. La mujer de pelo largo.
7. Nadie. Las flores aparecen detrás de la mujer de pelo largo, pero nadie las lleva en la cabeza.
8. Tres botones, dos de la banda delantera y uno de su puño derecho.
9. Con el pulgar (es el único dedo que no se le ve al jovenzuelo del móvil).

N 58

1. b)
2. Ocho personas: cuatro chicas y cuatro chicos. Puede que el chico de negro sentado en el sofá genere cierta confusión, pero sus manos y facciones son de hombre.
3. Por el confeti, el "happy (new year)", los trajes y, sobre todo, las guirnaldas que llevan, parece que están en una fiesta de fin de año. También podría ser una fiesta de cumpleaños, pero entonces las guirnaldas sobran (a no ser que sean unos fanáticos de las decoraciones navideñas).
4. A todas. Igual es una *rave* de odontólogos.
5. Ninguna. Ya hemos empezado con la tontería de las preguntas trampa...
6. De ladrillo. Se ve un trozo de pared a la derecha de la cortina.
7. No. El joven de pie a la derecha de la imagen tiene un par de copas de champán en la mano. Esperamos que no sea alérgico a la celulosa, porque se va a beber su champán aderezado con papel de confeti.
8. a) Persona 5
   b) Persona 2
   c) Persona 8
   d) Persona 7
   e) Persona 1
   f) Persona 3
   g) Persona 6

N 59

1. En una barbería.
2. No es una barbería de verdad, sino un escenario de teatro. Se nota el papel pintado.
3. Sólo una, la del hombre que está sentado.
4. El primero empezando por la derecha. Lleva un reloj en el chaleco.
5. El segundo hombre empezando por la izquierda. Está calvo, no tiene bigote y, por supuesto, es el barbero. Un tipo práctico, no le apetece llegar a casa y tener que cortarse su propio pelo.
6. Ninguno. Debe ser un musical, porque no callan ni para afinar.
7. Cinco. Cuatro en el armario de la derecha y una más a la izquierda de la imagen.
8. a)
9. Tres, la del cliente que se está afeitando y, a la derecha, hay dos sillas más (una tiene una chaqueta encima).

N 60

1. Una pistola. El oficial lleva una en una bolsa de pruebas.
2. En el pecho y en la nalga de la pierna izquierda.
3. Tres. Hay tres cartelitos de indicios con los números 1, 2 y 3.
4. Dos huellas. Ambas, de un pie derecho.
5. Sujeta al perro policía. Se ve que a los canes policiales les gustan los tipos con gorra.
6. b)

7. Seis partes están marcadas con una flecha.
8. Cinco balas.
9. Que no tiene ojos ni boca, como los demás personajes de la imagen. A veces, hay que echarle un poco de ingenio.

N 61

1. ¡El boxeador que está tumbado es su gemelo! ¡Hermano contra hermano! ¡Caín contra Abel en versión boxeo! El juez debe ser el arcángel san Miguel y Dios el señor que está en los focos... Bueno, tampoco exageremos, que sólo es una foto antigua.
2. En su rodilla derecha.
3. Ninguno, ambos llevan calcetines negros. Les cambias las botas por sandalias y en vez de boxeadores parecerían dos turistas alemanes en la Costa Brava.
4. Cuatro, las dos del boxeador derrotado y las dos manos del señor que está a la izquierda de la imagen.
5. Tres, las mismas que a la izquierda.
6. Sólo uno, el dedo índice.
7. b)
8. Los dos púgiles, el juez de la pelea y el hombre con la camisa blanca y la corbata desabrochada que está en la esquina del cuadrilátero.
9. En sillas de madera, se ven algunas a la derecha de la imagen.

N 62

1. Seis banderas.
2. Gorra, gafas de sol, pantalón corto... Es verano, claro, pero el día por excelencia de los desfiles veraniegos en EE. UU. es el 4 de julio, día de la independencia.
3. a). Con esos calores uno descuida hasta su patria.
4. Sólo se ve un arma, es un fusil y lo lleva el soldado que marcha delante.
5. Sí, todos, hasta los tres niños que aparecen a la derecha de la imagen.
   No hay duda, son auténticos patriotas y no tienen problemas de rodilla.
6. Sí, una persona.
7. Exactamente en el oeste, a la izquierda de la foto.
8. Los aplausos de los asistentes.
9. Se ven tres líneas blancas, todas continuas... ¡Debe ser que está prohibido adelantar durante el desfile!

N 63

1. Baloncesto, por la pelota encima del sofá.
2. Tenis, claramente, por la raqueta.
3. En el florero que hay justo encima del sofá (sosteniéndose en un frágil equilibrio).
4. Debajo del sofá. Las patas se apoyan en ruedas. Para llevarte el sofá-armario donde quieras.
5. d)
6. Hay dos perchas, una blanca sobre el sofá (al lado de la pelota de baloncesto) y otra negra

sobre las camisas, a la derecha de la imagen.

7. c). El vaso de café está sobre el sofá. La pelota de béisbol está al lado de la pelota de rugby y los guantes están sobre un reposabrazos del sofá (a la izquierda de la imagen).
8. Dentro de un zapato deportivo, al lado del reposabrazos del sofá que está a la derecha de la imagen.
9. En la parte de abajo del sofá. Lógico, ¿dónde si no?

N 64

1. a)
2. Dos, aunque resultará raro que le pidas a un extraño que te deje beber de su vaso de café.
3. Sí, están encendidas. En cuanto a la primera pregunta, la respuesta es "te echo de menos"... ¡Festival del humor!
4. Se ven once personas, pero habría que añadir al fotógrafo y al conductor, así que trece.
5. Tranquilos, que no cunda el pánico entre los que no habéis comprado billete. ¡Ni rastro del revisor!
6. a). Por cierto, no hay ninguna mujer con maleta en la imagen.
7. La chica que aparece a la derecha de la imagen. Tiene un reloj de pulsera en la mano. Pero los chicos que están mirando el móvil también te la podrían decir.
8. Se ven cuatro manijas. Sólo se está utilizando una.
9. Dos mujeres. La que está sentada mirando el móvil de su amigo y la rubia que está de pie. ¿El color? Ni idea. Esto es un libro en blanco y negro, por si no te habías dado cuenta.

N 65

1. $E = mc^2$. O sea, que la energía de un cuerpo en reposo (E) es igual a su masa (m) multiplicada por la velocidad de la luz (c) al cuadrado. En definitiva, que masa y energía son distintas manifestaciones de lo mismo y, por lo tanto, son convertibles entre sí. Pero, claro, tú eso ya lo sabías...
2. Sólo dos. Para este sujeto, pensar lleva su tiempo.
3. Un lápiz. No muy sofisticado, la verdad.
4. Cuatro burbujas.
5. c)
6. La h.
7. ADN.
8. ¡Pregunta trampa! No hay ningún número en la pantalla de la calculadora.
9. Los neutrones no tienen carga (sí, se escuchan carcajadas científicas de fondo) y el átomo está dibujado dentro de un bocadillo de cómic.

N 66

1. Seis personas, se ven tres dormitorios con camas de matrimonio. Es decir, que por la mañana hay cola para entrar al lavabo.
2. Ninguno. Digamos que los inquilinos no son muy del "tipo intelectual".

3. Dos plantas.
4. La cocina.
5. En la sala vacía que se ve en la esquina superior izquierda.
6. De ladrillo. Un poco raro, parece que se les cayó una pared al suelo.
7. No hay ningún armario ropero. Aunque a lo mejor no es un fallo y se trata de una casa para nudistas.
8. Que no llueve, porque los cojines están puestos en las sillas de la terraza.
9. Dos toallas. No tienen armarios para guardarlas, pero tienen toallas.

N 67

1. Sólo una persona, la muchacha de la izquierda (con permiso de la hermana del señor Schimmel cuyo estrabismo nos impide asegurar si mira hacia Bratislava o hacia la Cuenca del Ruhr).
2. El niño (y si esperabas un chiste con lo de "miembro" te has equivocado de libro).
3. El joven, calvo y sonriente Schimmel podría decirte qué hora es (en el caso hipotético de que pudiera resucitar de entre los muertos). Lleva un reloj en el bolsillo en su chaleco (se le ve la cadena).
4. Que le encanta el encaje de bolillos (por el tapiz que cuelga de la pared) y las rosas (por la decoración de la casa), que se casó de blanco y que, por lo visto en la foto de bodas, no es mucho más baja que el señor Schimmel. La han debido de sentar un escalón más abajo. Con que acertaras un par de cosas, nos sirve.
5. Absolutamente nadie. Los Schimmel son gente seria. ¿Qué te pensabas?
6. Ninguna. Al señor Schimmel nadie se lo imaginaría adorando a Satán, pero en su casa no tiene ni un solo crucifijo.
7. a)
8. El jovencito Schimmel. No le van las bromas a este jovenzuelo.
9. El señor Schimmel y el señor hierático que aparece por encima de él... Definitivamente, es su yerno (le falta la sonrisa encantadora de los Schimmel).

N 68

1. Ocho esferas. En el centro, se nota que hay dos juntas. El Atomium representa un cristal de hierro 165.000 millones de veces aumentado.
2. d). Se nota por la nieve y los árboles sin hojas.
3. Los tres colores de la bandera de Bélgica: rojo, amarillo y negro. Pero con decir tres colores, te damos la respuesta por correcta.
4. Ninguno. Je, je, je... ¡Pregunta trampa!
5. Se ven tres escaleras de incendio justo entre los pilares que sujetan las esferas. Esos pilares no estaban en la estructura original. Se pusieron después para reforzarla cuando se decidió que no sería derribada tras la exposición.
6. Tres, la más alta y dos a los lados.

7. Sí, es una manchita ínfima en la esquina superior derecha de la imagen (hay que tener buena vista). Ahora, si eso es un Superman belga o una miga del bocadillo que se estaba comiendo el impresor mientras preparaba el libro sólo Dios (y el impresor) lo saben.
8. Es el edificio que está a la derecha de la entrada.
9. No, a la derecha de la imagen se ven las ramas de un abeto, árbol que no pierde sus hojas cada año. Es decir, que no es caducifolio (palabreja que, hablando de Bruselas, suena a insulto del capitán Haddock en los cómics de Tintín).

N 69

1. Es el hombre que está a la derecha de la imagen, tiene los calcetines a rayas.
2. Al otro lado de la imagen, junto a la lámpara.
3. Mentira, está apagada.
4. El hombre calvo. Lleva un anillo de casado en la mano.
5. b)
6. Hay tres espejos, pero sólo en uno te podrías mirar la cara, a no ser, claro, que fueras pívot de baloncesto y midieras más de 2 metros.
7. a). El detector de humos se ve en el reflejo de uno de los espejos.
8. El hombre calvo. Lleva tejanos, en vez de traje, y está al lado de la funda de una guitarra.
9. Tres patas cada mesilla (en total seis). Y ten en cuenta que 6 es el primer número perfecto, ya que sus divisores (1, 2 y 3) suman 6, el propio número (información que no tiene ninguna relación con la pregunta, pero que nos apetecía explicarla).

N 70

1. La ruta 66, por supuesto. Es una de las carreteras más famosas de EE. UU. Se inauguró en 1926 y sirvió de camino a muchos emigrantes que viajaban hacia la costa oeste en los años treinta.
2. De color blanco y negro.
3. Coca Cola (y que conste que no cobramos por esta pregunta como publicidad indirecta).
4. Canyon. No han sido muy originales. Estamos en Arizona, el estado del Gran Cañón.
5. Pues en el mismo club Canyon. Lo pone muy claro: "Cocktails" y "Liquor".
6. d)
7. "66 deals". Por cierto, el tramo mejor conservado de la ruta 66 es el que va de Kingman a Seligman. Allí todavía puedes ver el mítico asfalto de esta carretera.
8. Fuego, en el sentido dibujado. Las llamas están dibujadas sobre la chapa del vehículo.
9. De puro cemento, como en tantas calles de EE. UU.

N 71

1. Seis fichas, tres negras y tres blancas. Aunque el ajedrez moderno no tiene su origen en los faraones, sino en la India.

Allí, alrededor del siglo VII, apareció el chaturanga, que aunque suene a ritmo de reguetón, se le considera el primer ajedrez.

2. a) y b). Por si te lo preguntabas, el que tiene cara de chacal es Anubis, con cara de halcón puede ser Horus o Ra, Sobek tiene cara de cocodrilo, Thoth de ibis, Sejmet de leona y el de la cara de perro es tu jefe cuando no entregas el trabajo a tiempo.
3. Un ave. Igual está poniendo un huevo...
4. En la franja superior, justo en el centro. Los escarabajos peloteros depositan sus huevos en bolas de estiércol que a su vez introducen en hoyos. Al ver a los escarabajos surgir del suelo, los antiguos egipcios pensaron que renacían, como hace el sol cada mañana. Vamos, que descubrieron el sentido de la vida en una bola de excremento.
5. d). Están nadando entre los nenúfares, en la parte inferior de la imagen.
6. El halcón (aparece sobre el asiento de la faraona y en la franja superior). Este papiro es más falso que una pelea de los Power Rangers.
7. Se distinguen tres cruces ansadas. Dos en la franja superior y otra detrás de la pierna del dios con cara de chacal (Anubis para los amigos).
8. En la franja superior, a la derecha de la imagen. El ojo izquierdo de Horus aparece en pequeño (a la izquierda de la imagen aparece el ojo derecho en grande). Se dice que el ojo es símbolo de protección y buena salud.
9. En su brazo izquierdo. Respuesta que deberías haber acertado en caso de que aspires a convertirte en ladrón de joyas profesional.

N 72

1. b). Ambos ferris se dirigen a Asia.
2. Bósforo. Si has respondido Bosphorus, en inglés, tal como aparece en el mapa, también vale (eres un espía estadounidense). El Bósforo comunica el Mar Negro y el mar de Mármara y divide la ciudad entre Europa y Asia.
3. Todo va bien. No está desplegada la bandera.
4. b). Se llama *simit*, una rosquilla salada rodeada de semillas de sésamo. Es típica de Estambul, pero al morderla descubres dentro una cápsula. ¡Has encontrado el microfilme que debes entregar a la CIA! ¡Pero también has perdido una muela!
5. a). Llegas a la fortaleza Rumeli erigida por Mehmet el Conquistador antes de la captura de Constantinopla en 1453.
6. Cuatro puentes cruzan el Cuerno de Oro y conectan las dos partes europeas de Estambul.
7. Es un puente sujeto por cables (como el Golden Gate de San Francisco). Es el tercer puente empezando por la izquierda. El puente conecta dos túneles, por eso no han

podido poner un control en él. Es tu única escapatoria. 3 puntos por cada elemento que recordaste del puente.

8. b)
9. Tiene barba negra, está rezando y viste una túnica blanca. Por cierto, tu contraseña para contactar con él es: "al acecho en el helecho está el lechón en su lecho". Buena suerte.

N 73

1. A la mesa, aunque por el despliegue de muñequitos no sabemos si están organizando una operación militar o están jugando al Risk.
2. La mujer, claro, es la única que no tiene bigote. Pero se ven seis bigotes en total. Uno por cada hombre y otro en el personaje del retrato.
3. a)
4. El primer hombre empezando por la izquierda. No se nota mucho porque se ha arremangado la chaqueta, pero no la camisa. Cosas de la moda militar...
5. Detrás del hombre con el cigarrillo.
6. La b) es correcta por todos los cuadros y caballetes que se ven.
7. De su cuello cuelga una cruz de hierro. Era una condecoración militar del reino de Prusia que después pasó a Alemania para premiar los actos de gran valentía. Con decir que lleva una cruz te damos la respuesta por válida.
8. En la botella de la etiqueta se lee "Водка", que significa vodka en ruso. Pero también puedes decir que están bebiendo agua, porque los vasos están a rebosar. Si estuvieran llenos de vodka, más que una partida de Risk, sería una competición para alcanzar el coma etílico...
9. Sólo una, el soldado que está sentado.

Tabla de resultados

JUEGO	PUNTUACIÓN TOTAL	PUNTUACIÓN OBTENIDA
N 47	27	
N 48	30	
N 49	39	
N 50	30	
N 51	30	
N 52	27	
N 53	35	
N 54	27	
N 55	27	
N 56	27	
N 57	27	
N 58	31	
N 59	30	
N 60	27	

JUEGO	PUNTUACIÓN TOTAL	PUNTUACIÓN OBTENIDA
N 61	27	
N 62	30	
N 63	27	
N 64	27	
N 65	27	
N 66	27	
N 67	27	
N 68	27	
N 69	27	
N 70	27	
N 71	27	
N 72	27	
N 73	30	

SUMA DE PUNTOS OBTENIDOS	
Puntos totales en juego	771

NIVEL ALCANZADO	
¡Excepcional!	750 o más puntos
¡Buen trabajo!	Entre 600 y 749 puntos
Correcto	Entre 350 y 599 puntos
Debes mejorar	Menos de 350 puntos